だいわ文庫

マンガみたいに
すらすら読める哲学入門

蔭山克秀

大和書房

はじめに

本書は、**まるっきり哲学に触れたことのない人に、哲学を「楽しんで」もらうために書いた本**です。

哲学には、知的でスマートなイメージがあります。でもそのせいで、哲学はよく**「背伸びした人間関係」**を作ってしまいます。

僕は予備校で倫理を教えているためよく見かけることなのですが、哲学にまつわる指導者と生徒の関係で、ありがちなのはこんな形です。

指導者が、知的な人というより**「知的な自分への憧れの強い人」**で、これでもかとばかりにカタカナ語をちりばめ、自分を大きく見せようとする。でも生徒の側も**「知に憧れる自分が好き」**なタイプのため、指導者の口からこぼれ続ける謎のカタカナワードが難解であればあるほど、うっとりしながら頷く。

これはいけませんね。両者はいわゆる「**意識高い系**」です。そこにあるのは知への欲求ではなくて、**劣等感とナルシシズム**です。そもそも**「自分に理解できないもの=価値が高い」という感覚は、劣等感からくる勘違い**です。だいいち受験生が自分に理解できないことを喜んでいたのでは、受験に失敗します。

両者からは、「こんな難しい哲学やってる自分たちはカッコいいだろ?」という背伸びばかりが伝わってきますが、**背伸びはかえってその人の矮小《わいしょう》さを際立たせてしまいます**。しかも無理な姿勢で背伸びを続けるのは苦しいうえ、「自分の見せ方」ばかりを気にして哲学を全然楽しんでいないので、こういう人はいったん足がつって倒れたが最後、そのまま哲学から遠のいてしまいます。

哲学に必要なのは、背伸びではなく「知りたい!!」という欲求です。人間は理性的な動物なのだから、万人にこの欲求があります。

哲学を楽しむのに、特に高尚な理由はいりません。

知りたいから学ぶ——これで全然いいと思います。

ただ、学び始めてからは「知りたい欲求」に身を委ねるにしても、そこへの**入り口は、低俗な「背伸びの心理」でいい**と思います。

というか、それが普通でしょう。そもそも哲学なんて、**皆さんの生活とは全然関係ない**です。だから極論すると、今すぐこの世からすべての哲学が滅んだところで、困る人なんてほとんどいません。

だから「ちょっと賢くなりたい」とか「賢く見られたい」とか「哲学を語れる自分が好き」などの背伸びの心理がないと、普通スタートラインにすら立ちません。かく言う僕だって、哲学を学び始めたそもそものきっかけは、「ニーチェを読んでる自分ってカッコいいいかも」という俗っぽい思いからでした。

でもそれは、あくまで「入り口」の話。**その後は背伸びの心理は捨て、内容のおもしろさに惹かれていきましょう。**つまり「おもしろい！　もっと知りたい!!」という欲求に衝き動かされて哲学にはまってゆくのが、最も正しくて楽しい関わり方なのです。

だから皆さんも、学び始める動機は僕同様バカみたいに俗っぽいもので大歓迎なので、ぜひこの機会に哲学の入り口に立ってみてください。


こんな人は、ぜひとも本書を読むべきです。

「哲学には興味はあったが、忙しくてなかなか学ぶ機会がなかった」

「今さら遅い気もするけど、教養を身につけたい」

「酒の場で語れるうんちくを増やしておきたい」

「子供の前でカッコいいことを言って尊敬されたい」

「会議でソクラテスメソッドとかアウフヘーベンなどの哲学用語が飛び交い、いつもヒヤヒヤしている」


——いいじゃないですか。こういう気持ちを持つ人たちは、入り口に立つ資格十分です。ぜひ本書を通じて、哲学を楽しんでください。

なお本書には、**西洋哲学の「王道中の王道」を取り上げてあります**。彼らは皆さんに**「知る楽しみ」を教えてくれる最良の哲学者たち**です。だから皆さんは、本書を通じてソクラテス、プラトン、デカルト、ベーコン、カント、ヘーゲルなどから、ぜひとも「知る楽しみ」を教えてもらってください。

難しい言葉は極力省きました。それよりも**「易しく・おもしろく・テンポよく」**を心がけて書いています。

この「易しく・おもしろく・テンポよく」は、僕の**予備校での講義のモットー**です。僕はふだん代々木ゼミナールで、国公立大学受験生にセンター科目として倫理を教えています。生徒は初学者が中心で、なるべく英数国以外の負担を増やしたくありません。そんな彼らに、毎回90分の講義で1から10まで全部理解してもらうには、この「易しく・おもしろく・テンポよく」は必要不可欠なのです。

僕はこの「易しく・おもしろく・テンポよく」に、日々磨きをかけています。だから本書を手に取った皆さんにも、本書を通じてそれを楽しんでいただきたいと思っています。

哲学がまったく初めての方でも安心です。**本書はわかりやすくて、おもしろくて、しかもドライブ感あるダレない本に仕上がってます**。ぜひお楽しみください。

もう背伸びはいりません。ここからは踵を下ろし、「おもしろいことを知る楽しさ」で、わくわくしながら本書を読み進めていってください。

同時に、かつて自分の青春時代に予備校に通ったことのある皆さんには、「**ああ予備校の講義ってこんな調子だった。つらい時期だったけど楽しかったなあ……**」と懐かしんでもらえたら、こんな嬉しいことはありません。もう予備校講師冥利に尽きます。

ただ講義の臨場感を出すために「生徒がダレてしまわないための軽口」も、そのまま掲載してあります。これはこれで一生懸命書きましたので、何とぞご容赦ください。

最後になりましたが、本書の執筆にあたっては、編集を担当していただいた大和書房の草柳友美子さんには、並々ならぬご苦労をおかけしました。締め切りに気を遣わせたり、編集作業で注文をつけたり、僕がくだらない表現にこだわったりと、本当に申し訳ないかぎりです。でもおかげさまで、非常に楽しい本に仕上げていただきました。この場をお借りして感謝の意を示したいと思います。

蔭山　克秀

マンガみたいにすらすら読める

哲学入門

――目次――

第2章 キリスト教思想 ── 1世紀～・ローマ帝国

第3章 西洋近代の哲学 ―― 14～16世紀・ヨーロッパ

第4章 啓蒙思想——18世紀・フランス

第5章 ドイツ観念論哲学——18世紀後半〜19世紀半ば・ドイツ

第6章 功利主義——19世紀前半・イギリス

第7章 実存主義 ―― 19〜20世紀・ヨーロッパ

第8章 精神分析学――19世紀後半~20世紀前半・ヨーロッパ

おわりに

序章

哲学とは何か

「宇宙とは何か」――
これは人間が、最初に魅せられる哲学だ。

宇宙は最初から〝あった〟のか？
それとも神が作ったのか？

もし神ならば、その神は唯一神なのか？
それとも複数の神による分業なのか？

その神は一体誰が作ったのか？

あるいは、誰も作れないから神なのか？

そもそも神なんているのか？


仮に神がいないなら、宇宙はどうやって最初から〝あった〟のか？

ある日突然、無から有が生まれた？

無から無限の宇宙空間が？　そんなことがありえるのか？


ひょっとすると宇宙とは〝自分〟のことで、本当は自分以外は何も存在せず、目覚めればすべて消えてなくなるんじゃないのか？

あるいは、宇宙とは〝他の誰か〟のことで、自分はその夢の中の登場人物の一人なんじゃないのか？

それに気づいているのは自分だけ？

いや逆にみんなグルで、自分以外はとっくに気づいている？

だとすると、全員が自分だけに気づかせないよう監視しているのか？

なぜ？　何のために？

その宇宙である〝自分〟や〝他の誰か〟はどこにいるんだ？

謎の空間で指をくわえて眠る胎児みたいなもの？

だとしたら、その謎の空間はどこにあるんだ？

神の仕業？　ならその神は誰が作った？——


こういう話を聞くと、世の分別ある大人たちは「なに中二病こじらせてんだよ」とバカにするが、果たしてこれを、中二病の一言で片づけてしまっていいのだろうか？

そこにはまだ、何一つ自分で納得のいく〝答え〟が見つかっていないのに。


我々は中二病を「思春期にかかるはしか」ぐらいに考えがちだが、僕にはそのはしかで悩む姿のほうが人間らしく、理性的なものに思える。逆に、自分の疑問に何の答えも出さないまま、ただただ生活に追われて、そこにフタをしてきた大人のほうがよっぽど人間らしくない。

何のために理性を持って生まれてきたんだ？

これでは人間だけが持ち合わせているせっかくの理性が泣く。

哲学はなぜ人をひきつけるのか？

それは人間の本性に根ざしているからだ。人間だけが理性を持っているのが何よりの証拠だ。

動物には理性がない。だから動物は、生活と無関係なことには疑問を抱かず、ただただ生活に追われる。対して、人間には理性がある。だから世の大人たちも、かつては人間らしい原初の疑問を抱いていた。それが「中二病」だ。

ところが、いつしか生活に追われるようになり、そこにフタをするようになった。ということは、大人はいつしか自らを「動物以上、人間未満」に貶《おとし》めたということになる。それでいいのか大人？

「大人はそういうことを考えないの！」という常識にとらわれている人は、まずその常識を疑ってみよう。

なぜなら、**常識とは「思考停止の呪文」「〝人並み〟に合わせるための知恵」「生活にしがみつかせるための道具」**なのだから。

常識的で責任感があって、家族の支えとなることを最優先にできる人は、一見とても大人びて見える。しかしその姿は、答えを求めるエネルギーを枯渇させて老け込んだ〝ヒトもどき〟にも見える。

哲学は、「人間であることの存在証明」だ。生活なんか関係ない。疑問が湧くから答えを求める、それだけだ。そして、それこそが人間本来の仕事だ。

それと比べると、我々が9時—5時でやっている仕事など、生命維持と物質的豊かさを求めるだけの〝けもの道〟だ。けもの道では、生活はキープできても、心は全然豊かにならない。

とはいえ、まずは生活が安定し、多少のヒマができないと、哲学が育たないのも事実だ。

古代の哲学は「ヒマ」から生まれた。中二病だって、思春期のあの時期が「自我の芽生える時期」であると同時に「ヒマな時期」だから患うのだ。

そもそも、ヒマ（閑暇）を意味するギリシア語の「スコレー（＝scholē）」は、school（学校）の語源になった言葉だ。つまり、学生とは基本的にヒマ人であり、だからこそ中二病を患うのだ。

もし日本の中高生が、カイジみたいに帝愛の地下王国でペリカを稼ぐ強制労働に追われていれば、誰も中二病なんかにはかからない。

皆さんも、ぼちぼち生活が安定してきたからこそ、本書を手に取るくらいのヒマができたわけでしょう。ならば、この機会にそろそろ「人の道」を学び、理性の使い方を「けもの道」から「哲学」へと昇華させていきましょう。

第1章

古代ギリシア哲学

まとめ

古代ギリシア哲学

紀元前6世紀～4世紀・古代ギリシア

ギリシア文明の最盛期に哲学は始まった。

哲学の誕生！

タレス

［前624頃～前546頃］
ミレトス学派の祖。「万物の根源」について最初に考えた人。

ピタゴラス

［前569頃～前470頃］
数学者・宗教家。宗教団体「ピタゴラス教団」の教祖。

ヘラクレイトス

［前540頃～前480頃］
奇人。万物は揺れていると主張（万物流転説）。

ソフィストたち

［前5世紀頃］
アテネで弁論術を教えていた人々。プロタゴラス・ゴルギアスが代表。

ソクラテス

［前470/469～前399頃］
本も書かず、弟子も取らない。民衆の恨みを買い死刑に。

デモクリトス

［前460頃～前370頃］
原子論的唯物論を確立。あだ名は「笑う人」。

エピクロス

[前341頃〜前270頃]
エピクロス派の祖。快楽主義を唱える。

アリストテレス

[前384〜前322]
プラトンの弟子。「万学の祖」と呼ばれた。

異民族・マケドニア王国の侵略！

批判

ゼノン

[前335年〜前264]
ストア派の祖。禁欲主義を唱える。

プラトン

[前427〜前347]
ソクラテスの事実上の弟子。著書『饗宴』『国家』など。

神話ですべてを理解しようとした時代

コスモス（宇宙）は、もともと「秩序・調和」を意味するギリシア語だ。

対義語は、カオス（無秩序・混沌）。

世に哲学が生まれる少し前までのギリシア人たちは、この宇宙を「神々の世界」ととらえていた。

ギリシア神話を今に伝える有名な書物に、ヘシオドスの『神統記《しんとうき》』がある。

ヘシオドスは紀元前7世紀の貧農だったが、ある日、文芸の女神ムーサと出会い、そこで「神について歌う詩人」としての才能が目覚めた。そこから彼は吟遊《ぎんゆう》詩人となり、世界の成り立ちや神々の姿、その神々の間での政争などを次々と歌い上げた。

彼が歌う〝コスモス〟では、最初にカオスが生まれ、そこから最初の神であるガイア（大地）とタルタロス（奈落）が生まれ、さらにはエロース（愛）が生まれた。

その後これらの神々から、さらに神々が生まれ、争い、最終的に天界はゼウス、海原はポセイドン、冥界はハーデースが治め、大地はみんなのものとなった。こうして我らのコスモス（秩序）ができ上がっていったのだ。

……とてもおもしろいが、この説明では理性がうずいて仕方ない。

まずカオスって何だ？

最初に生まれたって、誰から？

誰かから生まれたんなら、そいつのほうが先じゃないのか……。

考えれば考えるほど、謎は深まる。しかし残念ながら、**神話はこれらの疑問には何一つ答えてくれない**。

神話はとても便利だが、ずるい。神のせいにできることは全部神のせいにするくせに、わからないことや辻褄の合わないことには「さあ、なんせ神さまのやることだからねえ……」としらばっくれる。

そこには「疑問 **↓ 理性的思考 ↓** 理解」というプロセスはなく、ただただ「疑問 **↓ ここで神さま登場 ↓** これにて一件落着」なのだ。神さまは遠山の金さんか？

いや、この有無を言わさぬ権威主義は水戸黄門か。

でも、当時はこれでよかったのだ。何と言っても時代は紀元前7世紀。この頃のギリシア人は、とにかく忙しかった。そう、当時のギリシア人たちは、**哲学最大の宿敵、〝生活〟に追われていた**のだ。

生活に追われる者は、万事を神さまのせいにする。

「なぜ雨は降るの？」――「それは雨の神さまが降らせるからさ」

「なぜ雷は鳴るの？」――「それは雷の神さまが鳴らすからさ」

「世界は神さまが6日かけて作ったらしいぜ」――

「日本列島はイザナギとイザナミが、槍でかき混ぜて作ったそうだ」――

世の中のすべての疑問に答えてくれる究極の〝The Answer〟、最強のオールマイティカード、それが神さまだ。

ただし気をつけないといけない。**神はすべての答えになるかわりに、我々から思考力を奪う**。つまり、センター試験のマークシートが「①②③④㊌」と並んでいて、

5番目さえ塗れば全員が満点になるしくみだ。これでは思考力は育たない。当然日々の生活に忙しかった当時のギリシア人たちは、問題も読まずにさっさと5番目だけ塗って、狩りや農耕や戦に明け暮れていたのだ。

しかし、そんな〝神さま固め〟は、ある日突如終わりを迎える。**ギリシア人に「ヒマ」ができた**のだ。紀元前6世紀頃から彼らの社会に「奴隷制」が生まれ、家庭の雑事や重労働はすべて奴隷にやらせるというシステムが成立したのだ。

人間ヒマになると、余計なこと（＝生活と無関係なこと）を考え始める。

雨はなぜ降るのか？　雷はなぜ鳴るのか？　世界はどうやってできたのか？　槍って何なのか？

そんなこと、考えることに意味はない。考えたところで、生活は1ミリも変わらない。でも知りたい！　なぜならヒマだから――

こうしてギリシア人たちは**神話と決別し、自然現象の不思議を、理性の目を通して考え始めた**のだ。

そんな彼らが最初に目をつけたのが「**万物の根源（アルケー）**」探し。これは大いにヒマがつぶれそうだ。かくして彼らは、この「万物の根源探し」というゲームに熱中し、実に250年もの年月を費やすことになるのだ。

「この世にあるものはぜーんぶ水から生まれたんですよ」by タレス

まずは、最初の哲学者・**タレス**から見てみよう。

タレスは、ギリシアのミレトス島出身だ。ミレトスは商業都市だったため、各地から多くの人々が集まった。タレスはそこで各地の神話を聞き、その内容にあまりにも統一性がないことに驚いた。

「いったいどれが本物なんだ……」

しかも、ミレトスは東西交易の要衝だったため、エジプトから幾何学や測量術、天文学なども入ってきていた。エジプトはナイル川がしばしば氾濫《はんらん》したため、都市の再建に必要な技術と学問が進んでいたのだ。タレスもそれらの学問に興味を持ち、日食やオリーブの豊作などを予言したと言われている。

つまり、タレスには、もともと科学的思考の素地があったのだ。しかも、神話の説明にも納得してない。こうなると、やるべきことは一つだ。

「よし、世界の成り立ちを、神話に頼らず合理的に考えてみるか」

こうして彼は「万物の根源（アルケー）」について考え始めた最初の人となった。

世の不思議に対する初の合理的説明は「水」だった

タレスは、アルケーを「水」であると考えた。

なぜ「水」が万物の根源か？

それは水が、そのままだと液体なのに、冷やすとカチンカチンの氷になり、熱すると気体となって空中に散るからだ。つまり、水には〝液体・固体・気体〟という物質の持つ3側面がすべて備わっているのだ。だから、万物は水から生まれ、最後にまた水に還ってゆく。

タレスのこの考え方は、当時の人々に衝撃を与えた。そこには確かに、稚拙で不完全ながらも、**世の不思議に対する初めての〃合理的説明〃があった**からだ。

「そうか、これからは神話でムリヤリ納得しなくてもいいんだ……」

これは、科学好きのミレトス人の〃ヒマつぶし魂〃に火を点けた。

幸いミレトスは植民都市だ。

「日常の雑事はバルバロイの奴隷どもにやらせておけばいい。なら俺も俺なりに気の利いたアルケーとやらを合理的に説明してみせようじゃないか――」

こうしてミレトスでは、**空前の〃万物の根源ブーム〃**が巻き起こったのだ。

その他のミレトス学派
――アナクシマンドロスとアナクシメネス

タレスの弟子・**アナクシマンドロス**は、アルケーを「**アペイロン（無限なるもの）**」ととらえた。

アペイロンはまったくの正体不明で、最初から存在し、滅ぶことはなく、永久に運動している。そして、この世にある有限なもの（ペレス）は、すべてこのアペイロンから生じ、最後にまたアペイロンへと帰する。天界もその下の物質も、大もとをたどれば、すべてこのアペイロンに通じている。

無限からのみ、すべての有限は生まれうる——

かなり粗いが、**「すべては神から生まれる」と言われるよりは合理的だ**。しかもこの考え方なら、「水」ですらアペイロンから生じる。どうでしょう、僕のほうがおもしろくないですか？

しかし、アナクシマンドロスの弟子にあたる**アナクシメネス**は、そのアペイロンを「**空気**」ととらえた。

ん？　これは一歩後退なんじゃないのか？

師の考え方からすれば、空気もまたアペイロンから生じるはずだ。

これはたぶん「すべての有限を内包できるものは、無限しかない」という師の考えに対し、「**ではその無限を包むものって何？**」との疑問が湧いて、それへの答えが見つからなかったからなんだろう。

そう考えると、確かに師の「万物の根源＝正体不明のアペイロン」はずるい気がする。なぜなら**「宇宙創造の源となる、感覚を超越した、確認できない何ものか」という考え方は、結局「神」と同じ**だからだ。

せっかくみんなで「理性」を楽しんでるのに、そこに神さまを持ち出してはいけない。いかに神の臭いを消していてもダメ。

これって「どの格闘技が世界最強か⁉」で盛り上がっているところに「確かピストルまではアリでしたよね？」とか言い出すようなものだ。そんなもので前田やヒョードルを倒しても、ちっとも嬉しくない。飛び道具は反則！　これでは神話を排除できたとは言えない。

もっと具体的に「物質の根源」を説明してくれないと。このままでは「やっぱり宇宙は神さまから始まってました」に逆戻りし、**人間はまたかつての「けもの道」を歩むことになってしまう**。

その点「空気」なら、我々誰もが知る元素的要素だし、しかも水より守備範囲が広い。こちらのほうが合理的で科学的だ。

しかもアナクシメネスは、その「空気の上に大地が乗っている」と言っている。

すごい！　これはかなり正解に近い。ただしその大地は「お皿型」。あ〜惜しい!!

「魂？ 数学できれいになりますよ」by ピタゴラス

ここまでは「万物の根源＝物質の大もと」という考え方だったが、この後**ピタゴラス**の出現を境にして、だんだんアルケーの方向性が変わってくる。

物質の大もとではなく、**「万物を象徴する要素」**というとらえ方だ。

ピタゴラスは、アルケーを**「数」**と考えた。ただし、それは〝物質の大もと〟ではなく、宇宙を貫く〝規則性〟〝秩序を解くカギ〟としての「数」なのだ。そう、彼は数によって宇宙を解釈しようと考えたのだ。

ギリシアには古くから**「秩序と調和＝善」「その逆＝悪」**という考え方があり、ピタゴラスは、**それを読み解くカギが「数学と音楽」**であると考えた。確かに数字や音階は、規則性の考察手段になる。

肉体は、ギリシア人にとって永続性のない不完全な〝魂の牢獄〟だ。

ピタゴラスは「数学や音楽を極めて、宇宙の善を理解すれば、魂は浄化されて、肉体から解放される。そして魂は、肉体から肉体へという輪廻を解脱し、ついにもともとの住居であった永遠不変の神的な世界に帰ることができるのだ」と考えた。

ん？　輪廻？　解脱？　魂？　何か宗教色が強いな。ピタゴラスって「三平方の定理」やドレミファソラシドの音階を作った人だと聞くぞ。ということは、もっと理系っぽい人じゃないのか？

実はピタゴラス、宗教団体の教祖さまだったのだ。

これは冗談でも比喩表現でもなく、事実だ。彼は、当時南イタリアにあった植民都市・クロトンに本拠地を置く**「ピタゴラス教団」の教祖さま**だった。

教団の教義によると、人間の魂はもともと「神

性を持つ天上の種族」であったが、肉体に閉じ込められてしまったせいで、生と死を繰り返す「人生」という輪廻から逃れられなくなってしまったのだ。

しかし、数学で自然の秩序を正しく学べば、やがて魂は浄化され、汚れた肉体から救い出すことができる。そして、肉体から自由になった魂は、やがて天上に昇り、そこで永遠の命を手にすることができる。

つまり**ピタゴラスにとっては、数学は受験科目などではなく「魂を救い出すための道具」だった**のだ。


なるほど！　数学の先生がよく「数学は目的じゃなく手段なんだぞ」と言っていたのは、こういう意味だったのか。確かにこれなら、数学を一生懸命勉強する。だって数学を真摯に極めた者のみが「魂の終身刑」から解脱して、天国へ行けるのだから。

何てこった！　そうとも知らずに僕は、高校の数学の時間、ひたすら息を殺して身を潜め、気配を消していた。まるでジャングルに潜むベトコンだ。僕にとって数学の時間はベトナム戦争であり、教師は「魂の汚れた虫けらども」を追いつめるサディストのグリーンベレーだった。

僕ら虫けら軍団は、この掃討戦をキーキー悲鳴を上げながら逃げまどい、あろうことか逃げ切った。そのせいで僕の魂は天に召されなかったのだ。そして、僕は魂がうす汚れたままの「数学バカ」として、社会に出荷されてしまった。ごめんなさい先生。僕は地獄へ落ちます。

ところが、このピタゴラス教団、教祖ピタゴラスはとても魅力的な人物で、信者は厳しい戒律生活と学業に真摯に取り組んでいたようだが、けっこう周囲をざわつかせる集団だったみたいだ。

「女が2で男が3なのは、理性が1だからだ。女は理性が足りない」
「なら結婚は5だな」
「無理数なんて見つけた奴は殺せ！　秩序が乱れる」

信者たちは大マジメだが、真剣に語れば語るほど、カルト色が強くなる。

結局、彼らは近隣住民から放火された上に追われ、ピタゴラスはそら豆畑の前でのどを切られて死んだそうだ。ただし、彼らの**「秩序・調和を図る手段＝数学」という考え方は、後の哲学者プラトンに大きな影響を与えた**のだ。

「あ？　だから万物は流転するんだよ」by ヘラクレイトス

万物の根源を〝物質の大もと〟ととらえなかった人といえば、もう一人、**ヘラクレイトス**を忘れてはならない。

ヘラクレイトスは、ギリシア・エフェソス（現在のトルコ西部）出身の変人だ。貴族として身分は高く非常に賢かったそうだが、常に不機嫌で、自分以外のすべての人を見下す態度を示していた。

いつも謎かけめいた言葉を発しては、相手が答えられないと鼻で笑う。市民は彼を敬遠し、ついたあだ名が「暗い人」「謎かけおじさん」「泣く哲学者」――泣く？「泣かされた」っぽいな。この手の人間は空気がまったく読めないから、きっと歌舞伎町やセンター街で相手かまわず謎かけし、半グレの若者たちから「テメー死ねよ」と狩られたんだと思う。

さらに彼は、エペソス市民のための法律作りを依頼され断ったことがあったが、彼の死後「大人は全員死ね！」という断片が見つかった。

え、たむけん？　どうしたヘラクレイトス？　ひょっとして大人にも狩られた？

それともこれが、幻のエペソス市法第1条なのか!?

結局彼は人嫌いが嵩じて山にこもり、そこでわけのわからないものを食べて体中に水ぶくれを作り、それを乾かそうと全身牛の糞まみれにして道端に寝転び（どうやら路上の牛糞みたいにカチカチに乾燥したかったらしい）、そのままカチカチに干乾びて死んだ。とりあえず冥福は祈るけど、こんなダイナミックな変死されたら、遺族も笑うしかなかったろうな。

ただこの人、思想は深い。倫理の授業では、この人の**万物の根源は「火」**と教えることになっているが、これはどうやらアリストテレスが彼の思想をあっさり要約しすぎた結果のようだ。

実際のところ、万物は火からできているわけではなく、**炎の形に見られるような「ゆらぎ」「変化」の象徴**として挙げているようだ。

我々は、同じものを見ていても、人によってとらえ方がずいぶん違う。これは我々の魂に個人差があるせいだと彼は考えた。

そのせいで、事実が客観的に見えず、常に揺らいでしまう。だから我々は、上り坂を「下り坂」と言ったり、薄暗い部屋を「明るい」と言ったり、番組観覧のばあさんたちを「お嬢さん」と呼んだりするのだ。

では、これだけ揺らぐ世界では一体何が「真実」なのか?

彼はおもしろいことに**「人により世界が違って見えること」が世界の真実**ととらえたのだ。

世界を貫く秩序（コスモス）は、常にどっしりかまえていて不変だ。だが、それを取り巻く万物のほうは、まるで炎のようにゆらゆらゆらゆら揺らいでいる。

つまり、**「秩序」は不変でも、その秩序形成の原理である「法則（ロゴス）」のほ**

うが、変化を本質としているということだ。

そう考えれば、確かに合点がゆく。一定の秩序の中でたえず変化し続ける世界。同じものが違って見える我々の揺らぎ。「ゆく川の流れは絶えずして、しかももとの水にあらず（『方丈記』）」という無常観。**秩序（コスモス）の中で、万物は法則（ロゴス）に従って変化する。**まさにゆらめく炎のように「**万物は流転する**」のだ。

「万物の根源は原子。この頃から知ってるってすごいでしょ」byデモクリトス

このヘラクレイトスとは対照的に、ほがらかで社交的だったのが**デモクリトス**だ。

彼は万物の根源を「**原子（アトム）**」と考えた。

「原子は、それ以上分割できず、それ自体は不滅のものだ。他の原子と結びついて塊となり、やがて物質となる」

「人間の魂は、熱を持った暖かい原子からできており、死ぬと体から抜け、また原子に還ってゆく。人間の死体が冷たいのは、熱を帯びた魂がなくなったせいである」

おもしろい！　電子顕微鏡もなかった時代に原子の存在を推測したのはすごい！　しかもそのとらえ方がとても科学的だ。**魂が原子からできているという考え方も、すべての基礎を物質に求める「唯物論」に通じる。**

しかも彼は、その原子が運動する場として「**虚空（ケノン）**」の存在を推測している。ケノンとは、原子が運動し結合するための〝仮の空間〟だ。

確かに、空間も物質だとしたら「物質が生まれてくる場所が、すでに物質である空間」というのは矛盾している。そこで「ケノン」なんてものを考え出すなんて、とことん発想が理系的だ。

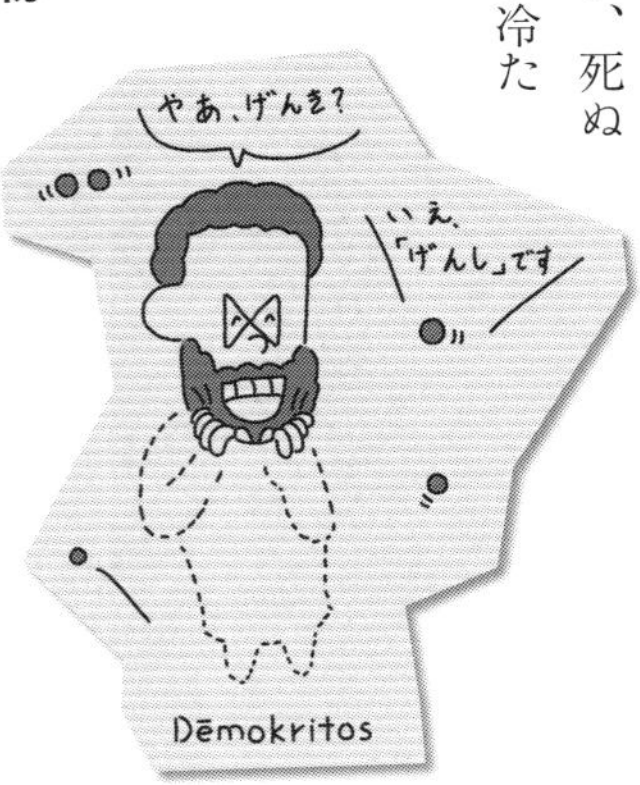

「**万物は、ケノンの中で永久運動を続ける原子の偶然的結合から生まれる――**」

これで万物の根源探しは、あらかた片がついた。

ちなみに、彼のあだ名は「笑う人」。狂人ヘラクレイトスとは真逆の、とても社交的で朗らかな人だった。

まったく関係ないが、僕は新幹線の隣席で、朗らかに笑いながら大声の電話をやめない営業マン風の男をケノンに連れ込み原子レベルに分解する妄想を、岐阜羽島《ぎふはしま》から京都まで抱いたことがある。

彼は100歳過ぎまで生き、晩年は「欲情は思索のジャマだ」と自らの目をつぶして盲目となった。え？　100歳で欲情？　目つぶし？　この人もひょっとして狂人？

民主政スタート！

「万物の根源探し」はひと休みだが……

このように万物の根源探しに夢中だったギリシア人たちだが、この後、**突然見向**

きもしなくなる。なぜか？——

市民に参政権が与えられたからだ。

しかも、ただの参政権ではない。**直接民主政**だ。

つまり、選挙なしで全市民（正確には「奴隷以外の18歳以上の全男子」）が議員となってアゴラ（広場）で開かれる民会に参加し、自由に発言できるのだ。

これはすごい！　選挙で投票するだけの参政権とはわけが違う。

正直、選挙で投票するだけの参政権では、政治に参加している実感など湧かない。だって紙切れ1枚に「小泉進次郎」だの「安倍晋三」だの書いたところで、世直しの実感など持てるわけがない。

「でも、これからは違う。これからは、俺が小泉進次郎だ。つまり、俺の口さえ達者ならば、アテネを俺色に染めることもできるんだ。なら、**もうアルケーなんてどうでもいい**。**それよりも弁論術だ**。よーし俺も話術を磨いて口先一つでどんどん相手を丸め込み、自分だけハッピーになってやるぞ！」とギリシア人たちは考えた。

小泉進次郎が聞いたらメチャメチャ怒りそうだが、残念ながら意識の低い民衆に政治を丸投げしたらこうなる。つまり**「みんなのために」**のはずの**民主政治が、いつの間にか「俺が俺が」の利己主義になってしまう**のだ。

この市民の利己主義は、暴走族と似ている。僕は以前、首都高で白い特攻服の背中にでっかく「自分大好き」と刺繍した族に、目の前をノロノロ蛇行運転されたことがあるが、そいつとアテネ市民には重なるところが多い。

みんなで守るルールより、自分の気持ちよさを優先する。幼稚な自己主張で周囲に迷惑をかける。目的地がみんなでめざすゴールではない。とにかく暴走する――何だこの類似点!? アテネ市民は神奈川の族なのか？

でも、利己的になったアテネ市民の暴走は、もう止まらない。彼らの間では、次第に相手をやり込める技術**「弁論術」がブームとなっていく**のだ。

アテネに弁論術を教えるソフィストが登場

そんなアテネに、続々と集まってくる連中がいた。**ソフィスト**だ。

ソフィストとは「知者」を意味するギリシア語だ。

彼らの多くはギリシア本土ではなく、周辺の植民都市の出身だ。ということは、タレスのいたミレトス島同様、古くから自然哲学が盛んで、住民たちの知的レベルは高かった。だから「知者」と呼ばれていたが、別に彼らは知的な作業をしにアテネにきたわけではない。**市民に「弁論術」を教えにきた**のだ。

「今、アテネでは弁論術が大ブームだ。みんな自分の意見を目立たせるのに必死だ。なら少々高い授業料を取っても、俺の話術を学びたがるはずだ」

ソフィストらは、アテネに金の匂いを嗅ぎつけてギリシア全土から集まり、市民に弁論術を指導していたのだ。

しかしこれが、本当に弁論術と呼んでいいかどうかは疑わしい。なぜなら彼らが教えたテクニックは、ほとんどが「**詭弁**《きべん》」だからだ。

なぜ彼らは詭弁に走ったか？――

それは彼らが「**自然（フュシス）と人為（ノモス）は相容れない**」と気づいてい

たからだ。

そう、**「自然界の法則」と「人間が作るルール」とは相容れない。**

例えば「川の水は高い所から低い所に流れる」という自然法則は絶対的だが、「殺人は罪だ」というルールは絶対的にはなりえない。なぜなら、都心で機関銃を乱射するヤツは「殺人鬼」でも、戦場でココココ笑いながら巨大な矛を振り回し敵の首をはねまくる『キングダム』の王騎将軍は「英雄」だからだ。

それが人間界。そう考えると、やはり**人間が作るルール（ノモス）に絶対的なものはない。**

この絶対を否定する考えを「**相対主義**」という。

「相対主義」に気づいたギリシア人たち

ソフィストが相対主義に気づいたのは、彼らがギリシア全土からアテネに集まった連中だったからだと言われている。

狭いようでギリシアは広い。そうすると、気温20℃の日に「今日は暑いね」と「今日は寒いね」が飛び交ったりする。同じ気温20℃なのに、絶対的な体感がない。人間界には、そういう地域差や個人差が至るところにあった。

「人間は万物の尺度である」——

これは有名なソフィスト・**プロタゴラス**の言葉だが、これこそまさに相対主義を象徴する言葉だ。

一人ひとりの人間は、それぞれが万物の尺度である、か。つまり、**100人いれば100個のモノサシ・価値基準**ってことだな。まさに相対主義の極致だ。これでは、**みんなで守るべき〝絶対的〟ルールなど作れるわけがない。**

このソフィストの考え方は、当時のギリシア人には新鮮だった。なぜなら彼らは、ついこの間まで「万物の根源」という自然界の〝絶対的〟な法則ばかり夢中になって探し回っていたからだ。

でも、言われてみれば、確かに自然と人為は違う。ならば、絶対的なルールではなく、相対的なルールをめざそう。そのために必要なのは何だ？――弁論術だ。よーし俺もクルクル変わる真実を見極めて、その場その場で相手を説得するぞ。**もうこれからは自然界と人間界を同列に考えるな。今後は〝真実を語る＝いい言葉〟じゃない。〝相手を説得する＝いい言葉〟だ!!**

相対主義が「利己主義という毒」となって脳内を回り、もはやアテネ市民は、何を言ってるのかわからない状態だ。今の彼らは人間偏差値がどんどん下がり、「見た目は大人、頭脳は子供」の逆コナン君だ。結局、彼らはアルケー探しという「たった一つの真実探し」を放棄し、どんどんおかしな方向に流れていった。

アテネの民主政はピンチに
――ソクラテスの登場

これで出来上がるのは、口の達者な人にとってだけの「よい社会」であり、万人にとってのよい社会ではない。

共同体（ポリス）は、みんなで善くしないといけないのに、**ソフィストが持ち込んだ相対主義は、市民の利己主義を極限まで助長し、このままではみんなで守るべき秩序やルールが作れない**ところまできてしまった。

どうしよう、このままポリスはおかしくなってしまうのか⁉——

ここで颯爽《さっそう》と現れたのが**ソクラテス**だ。

ソクラテスは、民主政治が危機的状況にあったアテネに現れ、「**みんなで守るべき〝絶対的な善〟はある‼**」と唱えた。

「まず己の無知を自覚しなさい」by ソクラテス

ソクラテスは、当時のアテネでソフィストの弁論術を批判して、**人間の真に「善い生き方」を探究**した人だ。

彼は変わり者だった。顔は醜く力持ち、議論好きで男好き、ときどき道端で魂が抜けたようにボーッとしていた。これは、どうやら心の中で自己の内なる守護神**ダイモニオン**の声に耳を傾けていたらしい。

さらに有名なのが、悪妻**クサンチッペ**。こちらも顔は醜くて、おまけに癇癪《かんしゃく》持ち。人前で誰はばかることなくソクラテスをこき下ろす。

「蟬《せみ》はいいなあ……嫁さんが無口で」「嫁が俺を哲学者にしてくれた」「俺の嫁に耐えられたら、たいがいの人類には優しくなれる」――

すべて彼の名言だ。ツイッターをやっていたら名言ｂｏｔが立ちまくり、瞬く間にフォロワーが１００万人を超えただろう。

しかし、こんなユーモラスな発言とは裏腹に、ソクラテスの生き方はとてもマジメで誠実だ。彼は、**ソフィストのせいで相対主義の蔓延《まんえん》するアテネで、ただ一人〝絶対的な善〟を追い求めた。**

モットー〝善く生きる〟を貫いて極貧生活に

彼のモットーは「**善く生きる**」——

もちろんこれは、自分さえよければよいという意味ではなく、「**絶対的な善に従って生きる**」という意味だ。

当時のギリシア人にとって、**善とは「秩序と調和」**のこと。その源は宇宙（コスモス）にあり、人間世界もその一部だ。

「ならば我々も、その**宇宙（コスモス）の秩序に従って生きる**ほうが、幸せに決まっている。この生き方こそが絶対的な善に従う〝善く生きる〟だ」

ソクラテスはそれを、当時のアテネで実践しようとしたのだ。

しかし当時のアテネは、『北斗の拳』のサザンクロス並みに人心すさむ街だった。そんな中で善く生きるのは難しい。ソクラテスだってみんなと同じように、モヒカンに鋲だらけの革ジャン着込んでひゃっはー叫んでいるほうが全然楽だったはずだ。でも彼は、ぶれることなく「善く生きる」を貫いた。

実際、彼は「善く生きる」を貫くため、本も書かず、弟子もとらず、報酬も受け取らなかった。それをやるとソフィストと同じになるからだ。

しかし、そのせいで彼は年中極貧にあえぎ、クサンチッペに毒づかれた。不器用と言うほかないが、だからこそ、彼の生きざまはプラトンら「熱烈な信者」たちを魅了し、その思想がプラトンの著書に語り継がれることになったのだ。

〝善く生きる〟ための手段「問答法」

ソクラテスはこう考えた。

「〝善く生きる〟を実践するには、**宇宙の善についての知識が必要**だ。我々の魂は宇宙（コスモス）とつながっているから、知識を通じて宇宙の善とつながれば、魂は浄化され、善く生きることができるようになる」

「そのためには、まず〝**己の無知に気づく（＝無知の知）**〟ことが必要だ。世の中には、物事をよく知っているつもりで、実はあまり知らない人が実に多い。ソフィストがその典型だ。そういう人の中途半端な知識では、宇宙の善とはつながらない。でも、そういう人に己の無知を自覚させれば、その人は無知を恥じ、知に貪欲になる。その積極性が、魂を宇宙の善に届かせてくれるのだ」

そこで彼が用いた手段が「**問答法**」だ。

これは「**対話」により、相手が己の無知に気づくのを手伝う**、という手法だ。ソクラテスは、名のあるソフィストや詩人に対し、これを行った。いずれも当時「知者」とされた人たちだ。

まず彼は、相手に対し「善とは何か」「正と不正とは何か」などと話しかける。相手はそれに答える。ソクラテスからすぐ次の質問が飛ぶ。相手はそれにもすらすら答える。今のところ、ソフィストの答えは完璧だ。

しかし、ソクラテスは粘着質で知識欲旺盛、おまけに体力バカだ。どこまでいっても質問は終わらない。必死で振り切ろうとしても、この醜い小男は目を輝かせて食らいついてくる。

「何だこいつ、俺に何を言わせたいんだ……」

ソフィストは、だんだんコロンボや古畑に絡みつかれた犯人みたいな気分になる。

そして、ついに質問が岩波文庫で80ページ分を超えた頃になると、さすがにソフィストも疲れと苛立ちで頭がボーッとし「そんなこと知るか！」とキレてしまう。するとソクラテスは、鬼の首でも獲ったかのように「ほー、それじゃあなたは、これについて知らないことを認めるんですね!!」とドヤ顔でキメる。

やめろソクラテス！　ソフィストがかわいそうじゃないか！――

しかし、彼の取り巻き連中は大喜びだ。いつの時代でも若者は、偉そうな大人がやり込められるのが大好きだ。ソフィストは恥辱と怒りに震えた。

しかし後日、冷静になって振り返ると、確かに自分は自分で思っているほど「知らなかった」ことに気づく（＝無知の知）。そして無知に気づいた人間は、己の無知を恥じ、知に貪欲になる。

こうして知に貪欲になり、あらゆる知識をむさぼるように求めていけば、やがて我々は、どこかで「宇宙の善についての知」にも至ることができるはず。そして、宇宙の善についての知に至れれば、その最高の善とも言えるものに触れたことで魂は浄化され、そこからはきれいな魂で生きられる、すなわち「善く生きる」ことができるようになるというわけだ。

ソクラテスはこの手法を、自分の母親の職業にちなんで「**助産術**」と呼んだ。なるほど確かに、ソクラテスは真の知を「生み出す」のではなく、無知に気づかせてやることで**真の知を「生む手伝い」だけしている**。それにしても「気づかせる」だけかあ。**ソクラテスが「教えない」**ってとこがすごいな。確かに「教える」という行為は、秩序乱しの張本人・ソフィストの得意技だ。

問答法に至ったきっかけ「デルフォイの神託」

ソクラテスが問答法を始めたきっかけは、ギリシア中部のデルフォイにあるアポロン神殿で受けた神のお告げだった。いわゆる「**デルフォイの神託**」だ。

そこで巫子は、驚くべきことを告げる。それは「**ソクラテス以上の知者は存在しない**」というものだった。

ソクラテスは驚いた。なぜなら彼は「自分は無知だ」と思っていたのだから。

そこで彼は神意を確かめるべく、当時知者とされていた人々と対話し、最終的に「己の無知を自覚するぶん、自分のほうがマシ」と気づいたのだ。

ソクラテスの最期。恨みを買って死刑に

しかしこの問答法、確かにこれで無知に気づき感謝した人もいるだろうが、その何倍も恨みを買った。しかも取り巻き連中までもがソクラテスの真似をし始め、その恨みもすべてソクラテスに向かった。


とうとうソクラテスは、裁判にかけられてしまった。

「お前はアテネの青年たちを堕落させすぎ。しかもダイモニオンって何だよ。ちゃんとアテネの神を信じろよ。死刑」

「ふざけんな！　俺はあんたらがバカであることを気づかせてやって〝魂の世話〟をしてやったんだ。それが何で死刑なんだよ。逆に感謝しろ。メシぐらいおごれ」

「う、うるさい！　泣いて謝れば追放刑ぐらいにしてやろうと思ったけど、もうお前、絶対死刑死刑死刑死刑!!」

ソクラテスはこの死刑判決を受け入れ、毒杯をあおって死んだ。

僕は倫理の授業ではこう教える――ソクラテスは最後まで自説を曲げず、減刑も請わず、「**不正な判決であっても判決に従うのが〝善く生きる〟ことだ**」と自らの信念を貫いて死んでいった――

しかしこれ、間違いではないが真実でもなさそうだ。とてもアクが強くて、煮ても焼いても食えない偏屈男、それがソクラテスだったようだ。

「この世に真実なし！ 真実はすべて天上のイデア界にあるのだよ」byプラトン

プラトンはソクラテスの弟子だ。いや、ソクラテスは弟子を取らない主義だったから「事実上の弟子」と言ったほうがいいか。

プラトンはアテネの貴族出身で、若い頃は政治家を志していた。ところが師・ソクラテスを理不尽な死へと追いやったアテネの政治に失望し、哲学者になった。

「師の愛知（フィロソフィア）を受け継ぐのは俺しかいない！」

プラトンも師匠と同じく、〝本当の善〟を追い求めた。しかしソフィストは、それを嗤う。「善なんて相対的なものだ。本当の善なんてないんだ」と。

しかしそこで、プラトンは大事なことに気づいた。

「確かにソフィストの言う通り、善にはいろんな形がある。ところ変われば善も変わるし、今の善が100年後も善である保証もない。でも僕らは、なぜかそれらがすべて善だとわかっている。ということは、やっぱり〝本当の善〟はあるんだ！ **すべての善の基準となる〝本当の善〟がどこかにあって、僕らはそれをどういうわけだか〝知っている〟**。だから、いろんな善が出てきても、僕らはそれらがすべて善だとわかるんだ」

プラトンはこの本当の善を「**善のイデア**」と名づけた。

永遠不変の善を求めて──イデアとは何か

イデアとは、この世に存在する**万物の「本質や原形」**のことだ。ただそれは**事物の中にはない**。天の上の**イデア界**にある。

イデア界には、現実界にあるすべてのもののイデアが揃っている。山のイデア、青のイデア、トナカイのイデア、三角形のイデアといった具合に。

そしてイデアとは、万物の「本質・原形・理想形」にして、永遠不変の真の実在。つまりイデア界とは、まるで完全無欠の天国みたいな場所なのだ。

そしてそこが天国ならば、そこには神さまもいるはず。そう、イデア界を天国に例えた場合、そこにおける神さまにあたるものが「**善のイデア**」なのだ。

善のイデアは、イデア界の秩序原理、すべてを照ら

し出す**太陽**のような存在、これこそが「**イデアの中のイデア**」、これこそが師・ソクラテスとプラトンが共に求めた〝本当の善・永遠不変の善〟と言えるものなのだ。

これと比べると、**我々の住んでる現実界は不完全だ。**絶対的な善の基準もなければ、永遠不変のものもない。本物の真理や美と呼べるものもないし、我々だってたかだか80年で死ぬ。だが、イデア界には永遠不変のホンモノしかない。

これはすごい！　どうしても見たい!!

でも見られない。なぜなら、イデアは我々の肉体などという不完全な感覚器官ではとらえられないからだ。ということは、我々はイデアを見ることも、聴くことも、触ることもできないのか！

でもがっかりしなくていい。なぜなら我々の〝魂〟はすでにイデアを〝知っている〟のだから。

実は**我々の魂は、元〝イデア界の住人〟**なのだ。そう、魂は輪廻で現実界とイデア界を往復している。だから、**魂だけはすでにイデア界を知っており、知っているからイデアを〝思い出す（想起、アナムネーシス）〟こともできる**のだ。

だから、我々は、できるかぎり魂を刺激して、イデアを思い出させることが必要だ。そのためには日常生活の中で、イデアを思い出させる要素に触れることが大切だ。

つまり常日頃から、学問・道徳・芸術の理想である「**真・善・美**」に、なるべく触れる生活を心がける。とはいっても、現実界に本物の真善美はないから、これらは当然「真善美のイデアのコピー」ということになる。

ただ、コピーとはいっても、つまらないもののコピーではなく、真・善・美という「理想のコピー」。だから、魂が理想の世界であるイデア界のイデアを想い起こす（アナムネーシス）刺激には十分なる。

そして、魂がイデアを想い起こしたら、魂には「あ！　昔俺が住んでたイデア界にはコイツらの本物があったぞ。懐かしいなあ」という**イデアへの憧れ**が強く湧く。これが「**エロース**」だ。

そしてそのエロースで、よりはっきりとイデアを思い出せれば、最終的には「善のイデア」も思い出せるかもしれない。善のイデアは「本物の善」。つまりこれを思い出せれば、ようやく師ソクラテスからの悲願であった〝善く生きる〟を実現することができそうだ。

プラトン著『国家』の恐ろしい内容
――「魂の三分説」

さらにプラトンは「**魂の三分説**」を説いた。これは**プラトン流の理想国家論**だ。「我々の魂は、3つの部分から成っている。〝理性・意志・欲望〟だ」
プラトンはこの魂の3部分を、国家の中の3つの階級がそれぞれ特に頑張って作り変えれば、理想の国家ができると説いた。

・魂の「**理性**」の部分。これは政治家が最大限活用し、「**知恵**」という徳にする。
・魂の「**意志**」の部分。ここは軍人が最大限活用し、「**勇気**」の徳にする。
・魂の「**欲望**」の部分。ここは庶民が活用を制御し、「**節制**」の徳にする。
↓これらをやると3つの徳が調和して、最後には**「正義」の徳が実現**する。

プラトンは著書『**国家**』の中でこれらについて述べているが、まあこの『国家』

という本、とても恐ろしい本だった。

　そこに描かれている国家は、理想国家とは呼べない代物だった。人々に自由はなく、あるのは「魂の秩序と調和」のみ。

　特に庶民の扱いがひどかった。庶民は欲望を制御して「節制」の徳を作り出さねばならないため、まず私有財産が全部没収される。さらには子供を作る日も決まっていて、政府が指定した日に庶民はいっせいに性交し、生まれてきた子は全部政府が引き取って、親の顔を知らないまま別の所で育てられる。

　これで「節制」が生まれるのかどうか知らないが、やってることはジョージ・オーウェルの『1984年』よりひどい、悪夢のような管理国家だ。こんな国家を作られたんじゃ、調和はあっても幸せはない。


　この計画は、幸か不幸か頓挫した。この計画で最も重要な要素となる「**哲人王**」の育成に、プラトンは失敗したのだ。

哲人王は、「知恵・勇気・節制・正義」の四元徳を調和させる理想国家の要だ。プラトンの理想国家計画では、どうしても頂点に哲人王が必要だ。

「哲人王に必要なのは、最高のイデアである **〝善のイデア〟** を直観できる（＝本質を見抜ける）こと。そのためには、秩序と調和の考察手段である **〝数学〟** を極めないといけない」

実はプラトンは、思想面でピタゴラスの影響を強く受けているため、「規則性を測る手段＝数学」の考え方が共通しているのだ。

というわけでプラトンは、「哲人王育成計画」を遂行するため、若き王の教育係を買って出て、喜々として数学を教えた。ところが王は数学がからきしダメで、最後にはプラトンがキレてしまった。「そもそもこの不完全な現実世界で、完全無欠の哲人王を作ろうと思ったのが間違いだったよ！」――プラトンはこのような捨てゼリフを残し、教育係をギブアップした。

というわけで、王さまが僕と同じ魂のうす汚れた虫だったおかげで、ギリシア人が助かりましたというお話でした。

プラトン哲学のおもしろさ「対話形式」

プラトン哲学は、内容のおもしろさもさることながら、文体もおもしろい。彼の作品のほとんどは「**対話形式の作品（対話篇）**」だ。

つまり彼は、自らの思想を、作品中でアテネを舞台にした物語の登場人物になって「語っている」のだ。それがまた、机に向かって「書いた」作品よりも何倍もおもしろい。生き生きと活気あふれる最盛期のアテネで、友人たちと酒を酌み交わしつつ、優れた直感力に基づく大胆な仮説を上機嫌で語るプラトンは実に魅力的だ。

プラトンはそこで、**ソクラテスを殺した民主政という名の衆愚政《しゅうぐ》よりも、イデアを認識した哲人王が民衆を善に導く「哲人政治」の必要性**を説き、また**同性愛のすばらしさ**を説いた。

実はこの「ビバ‼　同性愛」的な記述はメチャクチャいっぱい出てくる。

男色家・プラトン

プラトンは、無類の男好きだ。

誤解なんか恐れない。著書でも「俺は美少年が好き!!」と何回も叫んでいる。その潔さには感動すら覚える。

もっともこれはプラトンだけの話ではなく、古代ギリシア全体が基本バイセクシャルで、恋愛の形も「俺は男が好き」「俺は女が好き」「私は男が好き」「私は女が好き」の4つを、そのときどきの気分で使い分けていたようだ。

軍事国家スパルタなんて、優秀な戦士を育成するために同性愛を「市民の義務」とし、青年と少年の素っ裸でのレスリングや、裸で寝そべっての知恵や勇敢さのレクチャーを奨励していたぐらいだ。

ちなみにソクラテスは美青年が大好きで、けっこうモテたらしい。殺し文句は**「君の容姿にほれたんじゃない。君の魂にほれたのさ」**——く〜ソクラテス、醜男《ぶおとこ》のくせに男前なセリフ吐きやがって。「私もです」って言わせたい魂胆見え見えだぞ。おいこらソクラテスこら、それがお前のやり方か？

そして、この「魂にほれた」という考え方は、プラトンにも引き継がれている。プラトンの『**饗宴**《きょうえん》』によると、ギリシア神話に出てくるエロース（愛の神）の両脇には、ウラニアとパンデモスという2人のアフロディーテ（愛と美の女神）がいて、ウラニアが「高貴な恋」、パンデモスが「低俗な恋」をそれぞれ司っている。

高貴な恋とは「青年から少年への恋」のことだ。

なぜ高貴か？　それはこの恋が、肉体にほれる異性愛と違って、永遠不変の存在である「**魂への恋**」だからだ。人間の魂は元イデア界の住人なので、肉体には永続性がないが、魂には永続性があるからね。

プラトンはそのよさを、昼下がりの友人宅で酒を飲んでベロベロになりながら、メチャ強調している。だから、そういう肉体関係のない恋を「**プラトニック・ラヴ（＝プラトン的な恋）**」と呼ぶようになったのだ。

ただ、当時のギリシアは「知育・徳育」とともに、よき魂はよき肉体にこそ宿ると考え、「体育」重視だったから、肉体関係なしは怪しいな。男好きのプラトンが、裸レスリングのあとプラトニック・ラヴなんて冗談キツいぜ。ははあ、この人、さては誰か意中の男がいるな。そいつに「おじさんは大丈夫な人ですよ〜」と油断させておいて、近づいてきたら「これがホンマモンのプラトニック・ラヴじゃ〜!!」とバクッといく気だ。

これに対して、**低俗な恋とは「異性にも向かう恋」**のこと。永遠不変の魂よりも、**永続性のない肉体にほれるから**だ。こういう、より低いものに向かう恋は、プラトン的には愚かしい恋になる。

このように、プラトンは同性愛を抜きにしては語れないが、予備校の倫理の授業では、なぜかこの辺の話題には、生徒の食いつきが非常に悪い。

なぜならプラトンを扱うのは1学期の3週目ぐらい、つまりみんなまだ周囲との距離感を探っている段階なのだ。そんなときにホモ話なんぞに目を輝かせて食いついたら、そいつは1年間「ＢＬくん」とか「腐女子さん」と呼ばれることになる。だから全員必死で「興味のないフリ」をしてくる。

でも本当は、ホモセクシャル抜きでプラトンを語ることは、カレーライスからカレーを抜くぐらい愚かしいことであり、思想の原形と核心のすべてをぶち壊してしまう行為なのだ。

「我プラトンを愛す。それ以上に真理を愛す」by アリストテレス

アリストテレスはプラトンの弟子だが、タイプがまったく違う。

プラトンはひらめき型だ。あり余る直感力、ど派手な世界観、細かいことは気にしない器のでかさ、どこをとっても天才肌の匂いがプンプンする。

対して、アリストテレスはこつこつ型だ。「観察→記録→整理→体系化」という科学の基礎を作り、「**万学《ばんがく》の祖**」と呼ばれた。

そんなアリストテレスには、**師の思想でどうしても許せない箇所が一つあった。それはイデア界が天の上にあるとしたことだ。**

「なぜ事物の本質が天の上にあるの？　そんなのおかしいでしょ。**事物の本質は事物の中に〝入ってる〟**に決まってるよ」

彼は、プラトン思想のいちばんの核心部分**「イデア論」を批判**したのだ。

弟子アリストテレスによるプラトン批判

アリストテレスは、プラトンの「イデア」にあたるもののことを**「形相《けいそう》（エイドス）」**と呼んだ。これは、例えば幸水や豊水、長十郎や二十世紀をすべて「梨」と一括りにできるような**「事物の本質的特徴」**のことだ。

そしてそれは、**事物の「質料（ヒュレー）」（＝事物そのものの素材）に「内在」**していることだ。これは、よく考えたら当たり前のことだ。

プラトンの情熱的な文にすっかり乗せられていたが、よく考えたら「事物の素材はこの世にありながら、その本質だけ天上のイデア界にある」なんてことは、ありえない。つまり「梨の実」という素材がこの世にあるとするならば、必ずその中に、梨としての本質的な特徴だって詰まっているに決まってるのだ。それをプラトンは「本質だけ天の上」だなんて……もしこんなことを他の人が言い出したら、その人はきっと頭がおかしいと思われてしまうだろう。

例えば森元首相が、衆議院の本会議場で周囲の制止を振り切って立ち上がり、「以前私は〝大阪は痰ツボだ〟と言ったが、その本質は天上にある痰ツボのイデアだ!!」などとわめき出したら、「森が狂った」とＳＰどもに取り押さえられ、新聞紙面には〝森氏乱心〟の文字が躍るだろう。

そう、そもそも**プラトンは、師・ソクラテスを理不尽な死に追いやった醜悪な現実世界から目を背け、そこから天の上ばかりを見るようになってしまった「理想主義者」**だったのだ。だからプラトンは、理想の世界ばかりを夢見て、なかなか現実世界を見ようとしなかった。

でもアリストテレスは違う。**アリストテレスはそのプ**

ラトンを批判して、現実世界の中に本質を見る。だから彼は現実世界を徹底的に観察して自然科学の下地を作り、「万学の祖」と呼ばれるに至ったのだ。

人間らしい生活とは何か

アリストテレスはその後、すべての生き物が持つ本質的特徴（形相）を「魂」ととらえ、その生き物の中でも、特に**人間だけが持っている本質的特徴として「理性」**があると考えた。

さらに彼は、万物が**自己実現の欲求**、つまり「**自分の本質的特徴を１００％実現したがる欲求**」を持っているとの仮説を立てた上で、人間にとっての自己実現とは何なのか、次のように結論づけた。

「人間には理性があって、その理性を１００％発揮したがる欲求を持っている。ということは、その**理性をフルに使って、宇宙の真理をじっくり探究するような生活こそが、我々にとって最高に幸福で、しかも人間の本分に見合った（つまり善なる）**

生活だということになる」

彼はこのような「理性的な真理探究に没頭する生活」を「**観想（テオリア）的生活**」と呼んだ。

その実現のために彼が求めたのが「**中庸**」をえた生活だ。

中庸とは、「**極端を避けるバランスのよさ**」のことだ。

予備校の講義では「無謀と臆病の中庸が〝勇気〟」という例で教えるが、他にもアリストテレスは「**適度な富・よい家庭・健康**」なども中庸の例として挙げている。

これらはすべて「バランスのよさ」、つまり秩序と調和が保たれた「ギリシア的善」だ。

これらで日常生活を満たすとどうなるか？

つまり、適度な富に満たされ、よい家庭に恵まれ、体も壊さない。そんな磯野家の日常みたいなバランスのいい生活が「中庸をえた生活」だ。

そして、そういう生活を続けていくと、その**バランスのよさ（秩序・調和が保た**

れた状態＝ギリシア的「善」）が我々を「善に導く環境」となって、ついには最高善である「観想的生活」を実現できるという寸法だ。

驚いたね。磯野家はギリシア人一家だったのだ。波平さんはナミヘイノスでフネさんはフネダフネだったのだ。そういやマスオさん（マスオタルコス）が勤める「海山商事」って、なんかギリシアの海運業っぽいし。とにかく、こんな安定感のある生活は『バキ』や『進撃の巨人』では絶対実現できない。

しかしそうなると、当時のギリシアの都市国家（ポリス）で、**すべての市民にこういったバランスのいい生活を実現させるためには、ある程度政治の力も必要**だということになる。だって家庭内に人類最強の父親がいたり、ポリスの壁をちょいちょい50m級や奇行種に突破されてたんじゃ、日常のバランスが悪すぎておちおち「観想的生活」に没頭なんかしてられない。

そこで必要になってくるのが「**正義**」という概念だ。

公平な社会を作る2つの正義

アリストテレスは、ポリスでバランスのいい生活を実現するため、次の2つの「正義」を提案している。

・**配分的正義……相手に応じて配分量を変える**という正義。
(例)多く働いた人には1万円あげて、働かなかった人には50円しかあげない、など。

・**調整的正義……相手が誰であれ不均衡を是正する**という正義。
(例)車が事故ったとき、相手がヤクザでも会社員でも20万円損害賠償させる、など。

これ、よく見ると、**正義というより「公平さを実現するための原理」**だ。

なるほど、**「公平さ=バランスのよさ=善」**という考え方か。確かにこれらを組み合わせれば、範馬《はんま》勇次郎も50m級も、サボれば日給をもらえないし、車をぶつけたときには20万円払ってくれるしと、公平でバランスのいい社会、つまり**「観想的生活」の実現に必要な「善に囲まれた生活」が実現**することになる。

結局、アリストテレスの場合、正義も観想的生活の実現につなげるための「バランス重視の正義」ということになるのだ。

こうして社会の隅々までバランスのよさを浸透させて、初めてポリスの秩序は安定する。そして、ポリスで秩序が保たれれば、それが善につながる環境となり、市民の「観想的生活」は実現する。

結局ポリスの秩序なくして、観想的生活の実現はありえないのだ。アリストテレスはこれを「**人間はポリス的動物である**」という言葉で表現した。

いちばんいい国家は「君主制」

さらに彼は、**「観想的生活」を実現させることだけを考えれば、いちばんいい国家**

形態は「君主制」だとまで言っている。確かに理想的な王さまがいれば、王さま一人に政治を任せて市民は真理の探究に没頭できるもんな。

でもこれ、王さまが暴君だったら最悪だ。真理どころか命が危ない。

だから**彼が仕方なく推奨した国家形態は「民主制」。ただし「奴隷制」のオマケつき**。なぜなら、政治だけでも手いっぱいの市民が、そのうえ日常の雑事にまで追われたら、真理探究に没頭するどころではなくなってしまうからだ。

しかしそのために奴隷制って……アリストテレス、どんだけ「観想的生活」が好きなんだ⁉

ギリシア時代の終焉——ヘレニズム時代

このように栄華を極めたギリシア文明だったが、やがて終焉のときを迎える。**異民族の侵略**が始まったのだ。

攻めてきたのは**マケドニア王国**。まずフィリッポス2世がギリシア全土を支配し、次いで息子の**アレキサンダー大王（アレクサンドロス3世）**がペルシア（現在のイラン）とエジプトに支配地域を広げ、最終的にはインドの一部まで含めた大帝国を形成した。

なるほど、**ヘレニズム文化**とは「ギリシアとオリエント（ペルシアやエジプト）」の融合だが、この大帝国の中で融合したのか。しかしでかい！　これは、当時の感覚では「世界帝国」的規模の大きさだ。

ギリシア人は、この侵略者のせいでポリスという拠《よ》り所を失い、呆然自失の状態だ。

生活・文化・軍事の拠点であったポリス。高度な哲学を生んだ我らが誇り・ポリス。「市民が主役」の民主政治で常に時代をリードしてきたポリス。そのポリスが、今どきカビ臭い王政なんぞで喜んでいる蛮族・マケドニア人に敗れていいのか⁉　すでにポリスは蹂躙《じゅうりん》され、我々は隅っこに追いやられたぞ！

しかし取り返そうにも、今のアテネにはマケドニアに対抗しうる力はない。もはや残された道は、2つに一つだ。

異民族とたもとを分かち、自分たちだけで殻に閉じこもって「**個人主義**」的に生きるべきか。それとも、異民族も自分たちも同じ人間・兄弟なんだから、みんな仲よく「**世界市民（コスモポリテース）**」の一員として生きるべきか。

そんな中、現れたのが「**エピクロス派**」と「**ストア派**」だ。

エピクロス派とストア派
――快楽主義と禁欲主義

エピクロス派は開祖**エピクロス**。こちらは「**快楽主義**」を説いた。

ただ快楽主義とはいっても、よく誤解されているような「肉欲や物欲におぼれる」という意味ではない。**彼らが求めたものは「精神的な快楽」**、つまり内面的な心の平安と安定といったものだ。

しかし僕も恥ずかしながら、学生時代は「エピクロス派＝性に奔放なカルト集団」的な勘違いをしていた。その原因は、当時の大ヒット漫画『課長 島耕作』に出てきた松本常務のせいだ。

『課長 島耕作』は、女性運と出世運にとてつもなく恵まれたサラリーマン島耕作が、偶然美女や人脈を次々とゲットし、最後は大企業の会長に昇りつめるという、どえらい漫画だ。我々バブル世代はみんな、前世で地球でも救ったとしか思えない彼の確変人生に憧れ、「俺も島耕作になりたい!!」と思いながら読んだものだ。

その登場人物の一人が松本常務だ。堅物で哲学好きの松本常務は、銀座の典子ママに入れあげて奥さんと別居したとき、酔っぱらって「もう女房とは別れるんだ。俺は家を出てやっとアタラクシア（心の快楽）を得ることが出来た！　知ってるか島君！　エピクロス派を」と叫んだのだ。

いくらカッコ付きで（心の快楽）と書いても、このシーンからは松本常務のほとばしる肉欲以外伝わってこなかった。絵の力って言い訳めいたセリフなんか軽々と凌駕するな。漫画ってほんとすごい。

でもエピクロス派の快楽主義を、そんな阿片窟みたいなイメージでとらえるのは誤りだ。あくまで彼らが求めたのは「**精神的快楽**」。エピクロスはこれを「**平静心（アタラクシア）**」と呼んだ。

でも、彼らがなぜ平静心を求めたのかを考えたら、これは胸が痛むな。だって平静心を求めるってことは、それがないとやってけないほどつらい現実があったってことだから。つまり彼らは、平静心を求めなければならないほど、マケドニアの侵略に心が動揺していたのだ。

しかも彼らは、その**平静心を保つために、デモクリトスの原子論**（49ページ）**まで引用している**のだ。

「実は我々の魂も原子からできている。死ねばまた原子に還るだけ。痛くもかゆくもない。だから死を恐れるな」

おいおいちょっと待て。僕らはふだん生活の中で「死を恐れるな」なんて言わないぞ。でもエピクロスは、原子論を引用してまでそれを力説した。ということは当時のギリシア人は、これを口にしないと平静心が保てないほど、死への恐怖と隣り合わせの日常だったということだ。

そして、この平静心を保つには、動揺の源であるマケドニア人は邪魔だ。だから、エピクロス派は、マケドニア人から「**隠れて生きよ**」と説いた。これがポリスが崩壊した時代の生き方の一つ、**「個人主義的」**な**生き方**だ。

これに対して、**ストア派**は「**禁欲主義**」。開祖は**ゼノン**。

ただしこのストア派、禁欲主義を説いてはいるが、その**方向性は快楽主義のエピクロス派とほぼ同じ**だ。

ゼノンは、**自然を貫いている秩序・法則（ロゴス）に従って生きることが、人間の幸福**であるととらえた。なぜなら彼は、人間に備わっている理性も、そのロゴスから分け与えられた種（＝**ロゴスの種子**）ととらえていたからだ。

ならば人間だって、その「親ロゴス」と同じ秩序に従って生きるのが、本来のあり方ということになる。これがストア派のめざす「**自然と一致して生きる**」だ。

しかもこのロゴスの種子、当然ギリシア人にもマケドニア人にも分け与えられている。そういう意味では「**人類みな兄弟**」だ。

だからゼノンは、いがみ合いも殻に閉じこもるのもやめ、みんな仲よく「**世界市民**」として生きよと説いた。これもまた、エピクロス派とは違えども、ポリスが崩壊した時代の生き方だ。

ただし「理性に従って生きる」には、**理性の敵である「情念（パトス）」は排除し**ないと。パトスとは「激しい感情や欲望」のことで、人間が理性的に生きる上で最大の障害物になる。

そこで必要になるのが「**不動心（アパテイア）**」だ。不動心とは「**パトスに揺れない心**」だから、これを確立すれば人間は理性的になって「自然と一致して」生きられる上、欲望に揺れない心を持つことで、結果的に「**禁欲主義**」にもなる。

しかし、それよりも「不動心」だ。パトスに揺れない心に憧れるってことは、裏を返せば日常的にパトスで揺れまくっていた証拠だ。

そう考えると、エピクロス派が求める平静心とストア派が求める不動心、根っこは同じってことだね。

Column

その後、ギリシアはどうなったのか

もともと古代ギリシアは、まとまりのある単一国家ではなかった。

彼らの正体は**「ギリシア的な文化を共有するポリス（都市国家）の集合体」**。最盛期には1000個前後のポリスがあった。

その歴史は古く、紀元前1500年にはかなり高度に発展し、それぞれ独自に自立と自由を謳歌《おうか》していた。我々はその一群（＝当時の地中海世界の中心的なポリス群）をさして「古代ギリシア」と呼んでいるのだ。

しかし互いが高度に発展していると、まとまる必要がない。群れるのは弱者のすることだから。だから**古代ギリシアは、文化を共有しているだけで単一国家にはならず、ポリス間の小競り合いも多かった。**

ただ単一国家でないとはいえ、その勢力圏は広大でイタリアにも及んでいた。だから古代ギリシアと古代ローマは、文化が共通していた。同じ文字を使い、同じオリンポス

12神を信奉したのもそのためだ。

もっとも、当時のローマはギリシアと比べて相当遅れていたため、一方的にギリシア文化を吸収させてもらう立場にあった。そして、次第にギリシア型のポリスではなく、国土全体を統一する中央集権国家を作っていった。「弱い者は群れる」からね。


紀元前5～4世紀、ギリシアがまとまった。ペルシア戦争だ。

ペルシアのダレイオス1世の侵攻に対しギリシアは「ポリス連合」で受けて立ち、この戦争に見事勝利したのだ。それを機にアテネが中心となってポリス間で同盟が結ばれ、そこからギリシアは短い繁栄の時期を迎えるのだ。

しかしそれも長くは続かず、再びポリスは分裂・小競り合いへと戻っていく。

そうこうするうちにマケドニアの侵攻を許し、結局、ケーロネアの戦いでフィリッポス2世に敗れ、ギリシア全域はマケドニアに飲み込まれることになったのだ。皮肉にもギリシアは、このとき初めて一つの国の中にまとめられた。

その後、息子アレキサンダー大王の時代に、マケドニアは支配地域をどんどん広げてヘレニズム文化が形成され、王国は最盛期を迎えるが、残念ながら彼の死後、マケドニアは分裂する。

そして、ちょうどその頃、力をつけてきたローマの侵攻に耐えられず、今度はマケドニアもギリシアも、ローマに飲み込まれてしまうのだ。

ローマは「弱者の知恵」で統率がとれ、ギリシアから学んだ文明で国力をつけた。

将棋界では弟子が師匠を負かすことを「恩返し」というが、非凡な天才肌のギリシア名人は、平凡だが持ち前の吸収力でいつの間にか師匠に肉薄していた新鋭のローマ八段に、タイトル戦で見事恩返しされちゃったわけだ。こうして地中海覇者の座には、ローマ新名人が就くことになったのだ。

Column

現代のギリシア

ギリシアは哲学発祥の地。だからそこに敬意を表して、もう1本だけコラムを。

ギリシア哲学は、すべてが「善」をめざしていた。

彼らの善とは「秩序と調和が保たれた状態」のこと。彼らはそのような善に最高の価値を見出したため、秩序と調和の保たれた善きポリス造りをめざして、規則性を測るモノサシとして数学を好んだ。

それほど善に価値を見出してきたギリシア人。その彼らが、２０１０年前後から起こった通貨危機では「いいかげん・適当・怠惰」など、言いたい放題言われまくりだ。いったいなぜこんなことになってしまったのか。

ギリシア人の国民性

２０１２年、アメリカの調査会社ピュー・リサーチ・センターがＥＵ加盟８カ国に対して行った意識調査によると、とてもおもしろいことがわかった。８カ国のち７カ国が「最も勤勉な国＝ドイツ」と答えたのに対し、なんと**ギリシア人だけは、そこを「ギリシア」と答えていた**のだ。

何を根拠にと思って調べてみたら、確かに年間平均労働時間は、ギリシア人のほう

ギリシア単体では紙幣の増刷ができない

これだけいい加減な財政だから、当然国債発行も増える。しかし、ギリシアはユーロ圏。ユーロランドは、自らの一存では紙幣の増刷ができないのだ。

EU加盟国で使われるのは、単一通貨ユーロ。そのユーロ発行権を握るのは、フランクフルトにある欧州中央銀行（ECB）のみ。

つまり「まず国債で借金する＋紙幣増刷により返済する」という奥の手が使えないのだ。これでは借金しまくった後、自分の首が絞まるのも早い。

これらはすべて過去からの遺産

ギリシアを「いいかげん・怠惰」と決めつけると批判されることが多いので避けたかったけど、これはもうどうひいき目に見ても、**ギリシア人が他の先進国と比べて「全体的に緩め」なことは間違いない。**自己評価も大甘だし、政府のやり方も無計画に過ぎる。

一体何でこうなったのか？

それは、ギリシア人がこれまで**「困ったときには常に誰かに助けられてきた」**からだ。

ギリシアは西洋文明の源流であり、ヨーロッパ諸国はそこに敬意を表してきた。だから国家が存亡の危機に瀕すると、常に救いの手を差しのべ、ギリシアを守ってきた。そういう過去の歴史があるから、ギリシア人はいつしか「困ったときには、誰かが助けてくれるのが当たり前」という誤った特権意識を持つに至ったのだ。

しかも古代ギリシアを考えてみると、彼らが重視したのは生産活動よりも思索。アリストテレスの言うところのテオリア（観想的生活）だ（83ページ）。彼らにとっての善きポリスとは、すべての市民がテオリアに没頭し、日常の雑事は奴隷にやらせるというものだ。

この意識が現代にもあるとしたらどうだろう。

「労働という雑事はEUのバルバロイどもに任せ、我ら選ばれしギリシア市民は思索に恥ろう。それが神から与えられし責務。さあシエスタだ！」――

これはいかん。

ＥＵの顔である独仏も、ギリシアから見ればみーんな青二才のバルバロイだ。何だかんだ言って、最終的にはギリシア市民を助けることになっている。ならギリシアの今の態度は正しいのか。何てこった！

第2章

キリスト教思想

教義」確立に貢献した教父だ。

教父とは、教会公認の神学者のことだ。その著書は「聖書と同等、またはそれに次ぐ権威」と教会から認められたというから大変なものだ。

当時のキリスト教は、ローマから公認されて日が浅く、十分信頼されていない。こんなときにローマに災い事があると、すぐ異教徒たちが「変な神を信じるせいだ」「ローマの神をないがしろにした罰だ」と騒ぎ出す。

そんなことでキリスト教の屋台骨が揺らがないよう、しっかりと理論面を支えていくのが教父の役目だ。

アウグスティヌスは教父として、**「三位一体説」**（「神・イエス・聖霊」は別物のように聖書に登場するが、実はすべて神の現れ）や**「恩寵《おんちょう》説」**（アダムとイヴが〝禁断の実〟を食べてしまったのは、彼らの自由意志によるもの。ということは「人間の自由意志＝原罪のきっかけ」なのだから、**人間に「自由意志に基づく救済」はありえない**。あるのは**「神の恩寵による救済」のみ**）などの正統教義を次々と確立した。

なぜ世の中に悪はあるのか？

――マニ教と新プラトン主義

アウグスティヌスは、敬虔なクリスチャンであった母に逆らって、キリスト教に背を向け、若い頃はマニ教やプラトン哲学、新プラトン主義などにのめり込んだ。

その後キリスト教に回心したが、こういう経緯のため、**彼の思想には二元論の影響が色濃く反映されている。**

・マニ教

ゾロアスター教から派生した宗教で、「精神や魂＝善であり光であり神」「物質的なもの＝悪であり闇」という二元論を軸とする。そして人間は「肉体の中に魂を持つ」つまり「悪の中に善を持つ」のだから、最終的には魂が肉体からの解放を求めているのだと考えた。

・プラトン哲学

プラトン哲学はご存知の通り、天の上の理想世界（イデア界）と地上の不完全な現実世界という二元論的世界観だ（67ページ）。

・新プラトン主義

これは3世紀に**プロティノス**が確立した思想で、プラトンのイデア論を発展させて「世界＝究極的な**〝一者（ト・ヘン）〟からの流出**」ととらえる思想である。

アウグスティヌスは、人間の罪と悪の問題を、マニ教と新プラトン主義的見地から出発して、最終的にこう説明した。

まず彼は、マニ教的にこう考えた。マニ教では「精神＝善にして神」「肉体＝悪」と言うが、ならば人が罪を犯すのはおかしい。なぜなら罪を犯すことは、精神が肉体に負ける、つまり「神が悪に敗れる」ことになるからだ。

これは新プラトン主義で考えても、やはりおかしい。なぜなら世界が「一者からの流出」であるとするなら、この世には善しかないはずだからだ。彼にとって一者は神。

神が悪であるはずがないからだ。

でも世の中に悪はある。なぜか？――

そこで彼は気づいた。

「そうか、**この世の悪の正体は、実は〝善の不足〟**だったんだ。別に〝悪〟という実体があるわけじゃなかったんだ」

これらのことからアウグスティヌスは、結局、悪を「人間の弱さ＋善の欠如＋自由意志」が招いた罪ととらえたのだ。

肉が求めるものを断てば、魂は神とつながる――パウロの『ロマ書』

アウグスティヌスがキリスト教に回心するきっかけとなったのは、**パウロ**の『ロマ書』との出会いだった。

若い頃の彼は、窃盗・親への反抗・妊娠出産させた女性を捨てるなどの放蕩《ほうとう》生活で、親に心配ばかりかけていた。その後、キリスト教に背を向け、マニ教に失望し、欲望のコントロールもままならず、今後の人生をどう歩めばいいか悩みに悩んだ。そんなとき、パウロの書は彼にこう語りかけてきたのだ。

「**享楽も色欲も争いも捨てよ。肉の求めるものに心を向けるな。主イエス・キリストの下にきたれ！**」

この潔い呼びかけで、彼の迷いは晴れた。

「そうか、**肉の求めをきっぱり断つことで、我が魂は神とつながる。**いろいろ悩んできたけど、これからはこれでやっていくぞ——」

アウグスティヌスは、このときから真に神と向き合う信仰生活を実践し始めたのだ。

侵略からキリスト教を守った大著『神の国』

アウグスティヌスがこの大作を書いた5世紀初頭、ローマは時代の終焉を迎えつつあった。西ゴート族の侵略を受け、国内が荒廃していたのだ。

異教徒たちはこぞって、この災厄をキリスト教のせいにした。

「ほら見ろ、古代の神々をないがしろにするから、このように神罰が下るのだ」

さあ教父の出番だ。アウグスティヌスは異教徒たちからキリスト教を守るため、22巻にもわたる大著**『神の国』**を書いた。

同書によると、ローマが滅亡寸前なのは、古代の神々をぞんざいに扱ったからではなく、真の神への信仰が足りないせいだ。そのうえで、神の国とはどういうものかを語っている。

まず人間はみんな「**地の国**（自己を愛し、神を蔑む国）」と「**神の国**（神を愛し、自己を蔑む国）」の両方に属している。

ただし、**あくまで内面世界の話**。「地の国って、ひょっとしてローマのこと？」とか、そういう話ではない。

しかしローマは、同書で断罪される。なぜなら**かつてローマ人の信じていた神々は、彼らに道徳を与えなかったからだ**。そのためローマは道徳的に堕落し、性の乱れや暴力が横行した。キリスト教が広まる前のローマに自然災害が多かったのも、真の神への信仰が足りなかったせいだ。

そしてその後、これまた内面世界の話だが、悪魔が暴れ出して地上の国をさまよう連中（＝真の神を愛せない連中）と手を組み、神の国との激しい戦いになる。これが世界最終戦争、いわゆる「**ハルマゲドン**」だ。

そしてこのハルマゲドンは、激戦の末、神の国側が勝利する。

その後「**最後の審判**」が行われ、人間は神の国に行ける者と、地獄の業火で焼かれる者とに分けられ、神の恩寵を受けた者たちは「神の国」で永遠の祝福を手にし、これにて終末は完成するのだ。

アウグスティヌスのすごいところは、ここまで話した上で、**神の国はあくまで霊的な存在**であるとしながらも、現時点の**地上で神の国を体現している機関が「教会」**であると論じている点だ。

これで**異教徒からの批判をかわしつつ、教会の権威づけも行える。**これがうまくいったことで、この後、教会は絶大な権力をえることになる。

アウグスティヌスの恥ずかしすぎる黒歴史『告白』

アウグスティヌスといえば、ぜひ**『告白』**も紹介しておきたい。

『告白』は、彼の考えるキリスト教の正統教義が記された、読み応えのある本だ。同書の後半を読めば、彼のとらえる「人間の罪と神の関係性」や「記憶と時間の関係」などがわかり、とてもおもしろい。

しかしこの本は、どうしても前半部分が印象に残ってしまう。同書の前半は「**世**

界初のバカ正直な自叙伝」になっており、そこには彼の若き頃のめちゃ恥ずかしい「やんちゃ史」が赤裸々に語られている。

神と真摯に向き合うための告白だろうが、その内容はあまりにもあけすけで、よくもまあこんな恥ずかしい黒歴史、書く気になったなと思えるものばかりだ。もし僕が、ベッドの下に隠してある『マイ告白』を母に見られたら、即座にそこに火を放って自らもその火に飛び込み、ためらうことなく死ぬレベルだ。

おもしろいので意訳して要点を書き出してみよう。


「梨ドロボウ楽しい〜！　仲間最高!!」

「恋はすばらしい。セックスはもっとすばらしい」

「私を肉欲の病から解放してください。ただしもうちょっと後で」

「母ちゃんにマニ教注意された。うぜえ」

「私は16歳で1児の父となりました。相手は奴隷女でした」

「奴隷女と別れて11歳の女と婚約し、その後、別の年上女と暮らした後捨てました」

——こんな前半部分です。

「神の国の代理」へとパワーアップするキリスト教

アウグスティヌスがいなければ、キリスト教はローマだけの国教として、ローマ滅亡と運命を共にしていたかもしれない。しかし、彼の示した「神の国」という概念は、**教会を「単なるローマの国家機関」から、もっと巨大で超国家的な「神の国の代理・執行機関」へとパワーアップ**させた。

おかげでキリスト教は、ローマ滅亡後も生き長らえたが、その力は**アウグスティヌスのイメージとは全然違った形でどんどん肥大化**していった。

その後の教会は、「信仰の拠り所」ではなく、「**国家よりもタチの悪い暴力装置**」へと変貌していく。ローマ教皇も聖人というより〝本家のボス〟みたいな風情だ。

そして、ヨーロッパの思想史はこの後、キリスト教にどっぷりハマった人、キリスト教の呪縛から自由になろうとする人、キリスト教の腐敗を正そうとする人たちが入り乱れた世界へと突入していくのだ。

「神の力で、哲学なんぞねじ伏せてやりますよ」by トマス・アクィナス

トマス・アクィナスは、13世紀の**スコラ哲学者**だ。

スコラ哲学とは、中世の教会や修道院の附属学院で研究された哲学や神学の総称で、その附属学院が schola と呼ばれたことから、その名前がついた。

トマス・アクィナスはその中で最も有名なスコラ哲学者で、めざしたものは「**信仰と理性の統合**」。つまり、キリスト教の「信」と哲学的な「知」を、うまく補い合いながら調和させることだった。

トマス・アクィナスがその名を轟《とどろ》かせたのは、**「アリストテレス哲学」**（79ページ）**をキリスト教と調和させることに成功した**からだ。

古代ギリシアの哲学は、ギリシア衰退とともに西欧から姿を消し、もはやヨーロッパには完全版がほとんどない状態だった。特にアリストテレス哲学は、教会から「危険思想」と見なされ、ヨーロッパから姿を消していた。

確かにキリスト教的には、神は「天の上」にいないといけない。だから教会は、キリスト教が公認された際、プラトンのイデア（69ページ）は、天上の神になじむ思想として哲学的に残したが、アリストテレスは追放したのだ。

しかしそれらは、あるところにはあった。**東方世界**だ。

ギリシアで失われたと思われていた偉人たちの哲学書は、実は遠く離れた**エジプトのアレクサンドリア図書館などにたっぷり残されていた。**マケドニアによる世界帝国拡大は、ギリシアの文化や哲学をヨーロッパからマケドニア勢力圏全域に伝え、そのおかげでその完全版がアラブ圏でちゃんと保管されていたのだ。

なかでもアリストテレスについては、**イブン・ルシュド**の功績が大きい。

彼はアリストテレス哲学をアラビア語に翻訳したイスラム哲学者（スペインのコルドバ出身）だが、当時のスペインはイスラム圏に支配されていた。

それを「**レコンキスタ（国土回復運動）**」でスペインが奪回し、その際、ルシュドの訳本がラテン語に翻訳され、ヨーロッパに広まり、スコラ哲学に大きな影響を与えたのだ。

トマス・アクィナスは、そのアリストテレス哲学のラテン語訳を学び、大学で講義した。その内容は学生たちに衝撃を与えた。

「ギリシアにはこんなすごい哲学者が、まだいたのか!!」

キリスト教が公認されたのが３１３年。アクィナスは１２００年代の人。彼は実に９００年の歳月を経て、もはや**教会ですら追放したことを忘れてしまっていたアリストテレス哲学を、キリスト教と融合させた**のだ。

こうして彼は、**理性的思考の領域に厚みを持たせつつ、スコラ哲学で扱える学問領域のテリトリーを、自然科学全域にまで拡大**させることに成功したのだ。何といってもアリストテレスは「万学の祖」。今日の自然科学の下地は、彼によって作られ

た部分が大きいからね。

アリストテレス哲学というモンスターの復活——普遍論争

ただし、キリスト教とアリストテレス哲学の出会いは危険だ。

この辺がかつて追放された所以《ゆえん》なのだが、**アリストテレスの哲学は、学んでいるうちに徐々に「本質を軽視」するようになっていく。**

プラトン哲学は「天上にある本質」、つまりイデアを重視する。教会的にはイデアは「神」と同義だから、これは教会にとっては都合がいい。

ところがアリストテレス哲学だと「本質は個物に内在」しており、研究者は**本質を研究しているつもりが、いつの間にか個物への興味へとすり替わりやすい。**

アリストテレスも、晩年は個々の事物の研究に没頭し、そのため自然科学の下地を作った「万学の祖」と呼ばれるまでになったのだ。

ということは、これを追究することは、人々の信仰心を徐々に失わせることになるのではないか？

ここに、有名な「**普遍論争**」が起こることになる。

「普遍」とは、形相・イデアと同じものであり、つまりは「**事物の本質**」だ。

アリストテレスという〝知られざるモンスター〟がヨーロッパ人に知られて以降、この本質があるのかないのかを巡り、スコラ哲学者が「実在論者」と「唯名論者」に分かれて、両者の間で大論争が起こったのだ。

・実在論者

「**プラトン的立場**」のほうで、代表者は**アンセルムス**だ。

彼は、**「普遍」は現実界の事物とは別の所に存在し、個々の事物はその「普遍」をコピーしただけのもの**と考えた。

つまり「〝人間〟は、個々の人を超えた所に存在する」みたいな考え方で、この〝人間〟がすべての人のもとになる人間の本質、つまり「普遍」というわけだ。この哲学なら「信仰の基礎」にすることができる。

・唯名論者

「アリストテレス的立場」のほうで、代表者は**ロスケリヌス**や**オッカムのウィリアム**だ。

彼らは**「普遍・本質なんてものは存在しない。ただ呼び方があるだけだ」**と考えた。

つまり、個々の事物こそが宇宙に存在するものであり、「普遍」なんて概念は、心の中の考えにすぎないというものだ。この哲学は自分の目で見たものだけを判断基準にしているから「科学の基礎」にすることができる。

さあこの両者、互いに一歩も譲らない。アクィナスはどちらにつくのか？

アクィナスは、立場的には「実在論」に立ったが、やったことは**「両者の調停」**だった。

つまり、**「普遍は、神の知性においては〝事物に先立って存在する〟が、世界の中では〝事物の中に存在する〟」**というものだった。

うーん、かなり苦しい言い訳に聞こえてしまうな。でも、自らが「やっかいな古代の巨人」を目覚めさせてしまった以上、強引にでも自ら神学者としてけじめをつけるしかなかったんだろうな。

このように、アリストテレス哲学を導入したことでスコラ哲学は活性化し、そして崩壊へと向かい始めたのだった。

教会衰退の始まり——哲学は神学の婢

このように、トマス・アクィナスはキリスト教とアリストテレス哲学の調和を図り、暴れまくるアリストテレス哲学にほとほと手を焼いたが、結局、最後まで神学者としての自らの立場を貫いた。

これは大変だったと思うな。古い乗合船でのんびり釣りを楽しんでいたら、いきなり巨大なカジキマグロがヒットしたようなものだ。最初こそみんな興奮するが、暴れ狂うカジキのせいで次第に漁船はきしみ、ついには粉々にぶっ壊されて深い海に飲み込まれそうになる。これは一種の恐怖だったと思う。

だから彼は、あくまで**「哲学をねじ伏せるキリスト教」という形の調和にこだわり、**ともすれば信仰心すら飲み込もうとするこの「古代からよみがえった凶獣」を、調和の名の下に押さえつけようとしたのだ。

だから彼の示した調和は、もはや調和とは呼べない代物だった。「**哲学のナワバリは、あくまで理性の光が届く範囲まで。そこから先は考えるな。わからなくても探究するな。とにかく信仰で受け入れろ！**」というものだ。

理性に対する信仰の優位、この点だけは譲れない。

彼の有名な言葉「**哲学は神学の婢《はしため》**」とは、そういう意味だ。

しかしそんな苦しまぎれで、アリストテレスというモンスターは止まらない。彼がキリスト教に持ち込んでしまったこのやっかいな怪物は、確実に教会支配に一撃を入れた。

この後時代は、教会そのものの衰退と相まって、科学の時代へと突入していく。

第3章

西洋近代の哲学

まとめ

西洋近代の哲学

14～16世紀・ヨーロッパ

神中心の時代は終わり、人間中心の時代が始まる。

- 十字軍遠征の失敗 ≫ ローマ教皇の権威失墜
- グーテンベルクの活版印刷で聖書の普及 ≫ 教会の価値低下

ルネサンス期突入！

↓

宗教改革

実は生まれる前から
決まっちゃって
たんだよねー
Jean Calvin

カルヴァン
[1509～1564]
フランスの宗教改革者・神学者。「予定説」で利潤を肯定し支持される。

あんたらどこまで
腐っとんねん
教会!!
NEW
Martin Luther

ルター
[1483～1546]
ドイツの宗教改革者。「95カ条の論題」発表。信仰の自由を認めさせる。

↓

科学の始まり

まだ眠いよぉ……
René
Descartes
my brain

デカルト
[1596～1650]
フランスの哲学者・数学者。大陸合理論の祖。著書『方法序説』など。

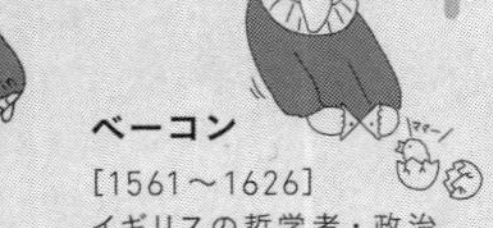
だ・れ・で・も一度だけ
経験するのよー♪
Francis
Bacon

ベーコン
[1561～1626]
イギリスの哲学者・政治家。経験論の祖。アリストテレスを批判。

暗黒時代に風穴を開けたもの「ルネサンス」

ルネサンスは「再生・復活」を意味するフランス語だ。

何をいつ、どこで再生させるのか？――

それは、**「古代ギリシアやローマの文学・芸術」を「14世紀のヨーロッパ」で再生**させるのだ。

何のために？――

それは、**当時のヨーロッパ社会に「自由」の風を送り込むため**だ。

中世のヨーロッパは「**暗黒時代**」と呼ばれた。

実際には「暗黒」と呼ばれるほど真っ暗ではなかったが、それでも「かなり暗め」だったことは事実だ。

中世といえば5〜15世紀あたりだが、5世紀といえば西ローマ帝国の滅亡（476

年）。そのきっかけは**フン族の侵攻**だ。

獰猛《どうもう》なアジアの騎馬民族・フン族は、4世紀頃から生活拠点を西に移し始め、ジャマだったゲルマン人の尻をつついた。ゲルマン人は尻を押さえて逃げまどい、ローマ領内に転がり込んで「傭兵やるからかくまってくれ‼」と保護を求めた。

ところがローマはちゃんと保護をしてくれず、食べ物もろくにもらえない。仕方がないから略奪してみたら、びっくりするくらい簡単にできた。

「あれ？　ローマ弱くね？」

ローマの弱体化を知ったゲルマン人は、ローマ領内への定住を開始する。いわゆる「**ゲルマン民族の大移動**」だ。

彼らは続々とローマ領内へ侵攻し、ローマ人から生活圏を奪い、独立国家を樹立した。そしてついに476年、ゲルマン人の傭兵隊長**オドアケル**によって、西ローマ帝国は滅ぼされた。

西ローマ帝国が滅んだことで、ギリシア・ローマ文化は継承者を失い、ヨーロッパから姿を消した。その後ヨーロッパでは、これに匹敵するほどの中心文化は現れず、もはやギリシアやローマの偉大なる構造物を見ても、それをどうやって作ったのかわからない所にまで文化レベルが後退した。

それ以外にも中世には、戦乱、ヴァイキングによる略奪、疫病の流行など、暗い側面がいろいろある。

確かに、大規模な開墾に成功して農耕や牧畜が栄え、文化的にも小規模な文化の誕生や文芸復興の兆しなど明るい側面もあったが、全体的には決して明るい時代とは言えなかったのが、ヨーロッパの中世だ。

そして、**この時代をさらに暗いものにしていたのが、キリスト教**だ。

中世ヨーロッパの支配者は、王でも異民族でもない。キリスト教だ。もちろん**各国に王はいたが、いつの間にかローマ教皇がその上をいく存在となっていた。**

最初のうちは、王が権力の正統性の根拠として、また人民支配の道具として、教会を利用していたはずなのに、気がつけば立場が逆転し、ローマ教皇**グレゴリウス7世**は皇帝ハインリヒ4世を破門して雪の中で謝らせたし（**カノッサの屈辱**）、**インノケンティウス3世**に至っては、自分の意に沿わないドイツ・フランス・イギリスの国王を次々と破門して「**ローマ教皇は太陽で、お前ら皇帝は月だ!!**」と叫んだ。

まるで暴君だ。しかも全欧規模。ここまでくると、もう隣国からいろいろ飛ばしてくるぷくぷくした3代目よりもたちが悪い。

このように、本家のボスのガラが悪くなると、末端の構成員にまで増長してくる。**教会は「信仰の拠り所」から次第に「生活の監視役」になり、最後は「暴力装置」となった。**人々は苦しみ、生活様式や信仰面で少しでも教義から外れたらすぐに「異端」の烙印を押され、宗教裁判で最悪火あぶりにされた。

もはや**カトリック教会のせいで、腐敗と暴力と価値観の強制が世の中を支配**していた。

この時代、**学問も芸術も科学も文学も、すべては神を讃《たた》え、神に近づく内容以外、社会的に許されなかった**のだ。

しかし、そんな閉塞感に支配された時代に風穴が開いた。ルネサンスだ。

Column

「ルネサンス」は魔法の言葉

ルネサンスで驚くのは、ネット検索でヒットする内容の多様さだ。

まー世の中には「〇〇ルネサンス」や「ルネサンス△△」が多い。

こっちはマジメにルネサンスを調べようと検索かけてるのに、出てくるルネサンスは、マンションに、スポーツクラブに、専門学校に、ホテルに、NPO法人に、株式会社に、ヨガスクールに、喫茶店に……もうワイン片手に「誰もほんまもんのルネサンス書いてないんかーい‼」と叫びたくなってしまう。

その後も根気よく検索を続けたが、行けども行けども出てくるのは「ごはんとおかずのルネサンス」だの、「ルネサンスの株主優待」だの、「ルネサンスの口コミ・価格比較」だのと、14世紀の香りなんかありゃしない。

よくわかった。ヨーロッパのルネサンスは人々が待望していた「人間性の解放・自由意志の喜び」だったが、日本のそれは「築20年の1K（7帖）」であり、「ライフスタイルに合わせた料金プランをご用意」であり、「町おこしなら我々におまかせ」なのだ。

本格的な「文芸復興」のスタート

11世紀、キリスト教権威が大きく揺らぐ事件があった。「**十字軍の遠征**」だ。

当時、キリスト教の聖地・エルサレムは、イスラム王朝セルジューク・トルコに支配されていた。

しかもセルジューク・トルコは、東ローマ帝国（ビザンティン帝国）の一部まで支配した。東ローマといえば、カトリックと分裂した東方正教会のお膝元だ。

実はキリスト教は、ローマ帝国の東西分裂（395年）を機に分裂したのだが、**東方正教会は「東ローマ帝国のキリスト教」**だ。こちらは、西ローマ帝国のカトリックのように皇帝と教皇を分けず、**国王が〝キリストの代理人〟として国政と教会支配を全部仕切る「神政一致」（皇帝教皇主義）**を採っていた。

このように、あり方が全然違うキリスト教だから、正直カトリックの側からすれば、正教会への侵略なんぞ知ったこっちゃないのだが、エルサレムもやられたとなると話は別。これは「キリスト教全体の危機」だ。

結局、ローマ教皇**ウルバヌス2世**は、東ローマ皇帝アレクシオス1世からの救援要請に応え、1095年**クレルモン公会議**にて聖地奪回を呼びかけた。ここに、数次にわたる十字軍が結成されることになる。

ところがこの**十字軍の遠征、結論からいうと失敗**したのだ。

大きいものだけでも合計7回あった十字軍の遠征は、「東西文化の交流」という経済発展には大きく貢献した。しかし聖地は奪回できなかった。これにより**ローマ教皇の権威は、大きく揺らいでしまった**のだ。

教皇の影響力が低下したことで、教会では腐敗が進み、教会はあっという間に不正や汚職、権力闘争が入り乱れる「魔窟」となった。もはや、かつての「信仰の拠り所」としての面影はない。

さらにもう一つ起こったのは〝**市民感情の変化**〟だ。

「**これだけ教会が荒れているのに、ローマ教皇は何も言わない、何もしない。なら我々だって従わない**」

相手が教会でもどんどん逆らうぞ、という空気が次第に醸成されてきたのだ。

しかもこの後、**グーテンベルクの活版印刷技術によって、15世紀には聖書が大量に普及し、聖職者や教会の価値も低下**した。

こうなると、もう人々は教会の言うことなんか聞かなくなる。それよりも**自由意志**だ。

「これまでは、教会に逆らうことは悪だったけど、今度からは〝**自由意志こそ喜び**〟だ。さあこれからは文学や芸術で、存分に恋愛・性愛・欲望・風刺・ユーモアなど人間の自然な感情を爆発させるぞ!」

「でもどうやって?」――

ここで人々はハッとなった。

「しまった!　よく考えたら我々は、かれこれ1000年近くも自由意志なんか発揮させてないじゃないか!!」

そう、彼らはいざ自由意志を発揮していいよと言われても、何をどうすればいいのかまったくわからなかったのだ。なぜなら、そんなもの今まで一度も発揮させたことがなかったから。

これは悲しすぎる!!

『げんしけん』という漫画で、オタサーの姫から男子部員どもが「そいつにヤキ入れといて!!」と言われたとき、オタクどもが「それどうやって入れんの?」と戸惑っていたのを思い出す。

彼らは自由意志がわからないから、とりあえず父母に聞く。でもわからない。仕方がないから祖父母に聞く。でも知らない。

曾祖父母に聞く。これも同じ。当たり前だ。1000年なめんなよ。

結局どんどん遡《さかのぼ》ったあげく、**ようやく人間の自由意志を見つけたのが「キリスト教以前」**。つまり、**古代ギリシア・ローマの時代**だったわけだ。

言われてみれば古代ギリシアやローマには、中世のヨーロッパにはない人間の自由奔放な姿や才能がある。ならば、人々は彼らを通して人間性を回復し、彼らを手本に自由意志を発揮すればいい。

かくしてルネサンス期には、「**ヒューマニスト（人文主義者）**」と呼ばれる人たちから、自由意志を存分に発揮した文学作品が数多く発表された。

同時に芸術の世界でも、一つのジャンルを極めた人というよりもむしろ、ミケランジェロやダヴィンチといった何でもできる「**万能人**」がもてはやされた。中世は「何でもできる＝神or悪魔」のニュアンスだったが、これからは「神や悪魔も越えてこーぜ」ということだな。

しかし、文学や芸術あたりでゴチョゴチョやってても、本当の自由にはならない。人々が本当に自由になるには、「宗教」と「科学」の改革が必要だ。

腐敗したカトリック教会への抗議

——宗教改革

本当に人間性を回復し自由意志を発揮したいなら、人々を抑圧してきた最大要因である**「カトリック教会」を改革**しなければ話にならない。

そこでドイツでは**ルター**が、スイスではフランス人**カルヴァン**が、それぞれ宗教改革を敢行し、腐敗したカトリック教会の改革に着手した。

1517年、**ルターは教会の「贖宥状《しょくゆうじょう》」(免罪符)の発売に抗議**した。贖宥状とは、購入すれば罪が赦されるというお札のことで、一応そのときは、セントピーター寺院(サン・ピエトロ大聖堂)の修復費に充てるという名目で発売された。ところが実際、金を集めはしたものの、その大半が修復費ではなく、僧侶の遊興費に充てられた。ルターはその事実に抗議して、「**95カ条の論題**」を発表した。

そこには、

・**信仰義認説**……人間は贖宥状の購入によってではなく、信仰によってのみ、神から義(＝宗教的に正しい)と認められる。
・**聖書中心主義**……大切なのは教会ではなく聖書である。
・**万人司祭説**……信仰に特殊な媒介者(つまり聖職者)は不要。

などのルターの持論が展開されていた。

ルターの説は支持を広げ、それは農民層にまで広がった。

そして、ついに1555年、ルターは「アウグスブルクの和議」を勝ち取り、ドイツでは新教（プロテスタント）・旧教（カトリック）どちらを選択してもOKという「信仰の自由」が認められたのだ。

ルターの宗教改革はドイツを中心に広がったが、スイスを中心にフランス、イギリスなどに広がっていったのが**カルヴァンの宗教改革**だ。

カルヴァンといえば「**予定説**」。これは一見、何でこんな教えが人々の心をつかんだのかわからないような不可解な教えだ。予定説は、このような考え方だ。

①人間の救済は、〝最後の審判〟の後で、**誰が救われ、誰が救われないかに至るまで、すべて神の永遠の予定により、あらかじめ定められている。**

②その予定の内容は、誰にもわからない。また、現世でどれだけ信仰・善行を積んでも、それで予定が変わることは絶対にない。

③しかし、それでも人間は**禁欲的かつ勤勉に働き、信仰・善行を積む**ことだ。なぜならそうすることで〝これだけ頑張ってきたんだから、**きっと自分は救われる側に違いない〟という確信だけは深めることができる**から。

やはりどう見ても、これが人々の心をつかむとは思えない。というより、これ相当イヤな教えだ。

結局これって「皆さんの運命は、皆さんのうかがい知れない高みで全部決められちゃってまーす。何をどう頑張ったってムダでーす。あなたが救われるかって？　そんなの私の知ったこっちゃないよ。でも、マジメに働いて神さまを信じれば、ひょっとしたら救われちゃったりしたりしてｗｗ」ということだ。

何でこんな一見ムカつくだけの思想が、この後イギリスやフランスに爆発的に広まるのか？

実はカルヴァン主義には、ここに書いた内容以外に、もう一つ大きな特徴があるのだ。

それは「**利潤の肯定**」だ。

プロテスタントには「**職業召命《しょうめい》観**」というのがある。これは「この世の全職業＝神の栄光を増すためのお手伝い（＝天職）」という意味だ。

そして「**利潤**」**は、その神の栄光を増すために頑張ったことに対する「神からのごほうび」**。つまり、「清貧」が美徳であったキリスト教が、**カルヴァン主義から「金もうけＯＫ」**になったのだ。

みんなお金は大好きだ。そこにはキリスト教もイスラム教もない。

そして金は人を変える。**マックス・ヴェーバー**著『**プロテスタンティズムの倫理と資本主義の精神**』によると、英仏のカルヴァン主義者であるピューリタンとユグノーは、この「利潤肯定」に惹かれて猛烈に働き、その結果ヨーロッパの資本主義は急速に発展していったということだ。

科学はようやく「神学の一部」ではなくなった

今度は「**科学**」の分野における人間性の回復だ。

スコラ哲学の時代、「哲学は神学の婢」だった。

この時代は、**神の領域を理性で探ってはいけなかった**。

なぜなら神は〝絶対的な完全者〟。それを不完全な人間が探ろうなんて、おこがましいにもほどがある。世に未解明な部分は多いが、そこは神聖なる〝神の花園〟。決して「人間の理性」などという低レベルな代物で踏み荒らしてはいけなかった。

そう、いかに人間が生物の中で最も賢くとも、神の前では圧倒的に無力だ。その人間が神の領域を解明しようなんて、まるで『ドラゴンボール』でミスターサタンが完全体のセルに対し「きさまを丸裸にしてやる」と言うような暴挙だ。

人類最強の〝世界格闘チャンピオン〟も、セルの前では虫以下だ。だから、サタンも己の分をわきまえ、岩陰からこそこそ神の姿を覗き見るぐらいがちょうどいいのだ。

ところがある時期を境に、セルの価値がフリーザやベジータを通り越し、一気にヤムチャあたりまで大暴落した。ルネサンスだ。こうなれば、さすがにミスターサタンでも思う。「俺でもいけんじゃね？」

このように、ルネサンスを契機にヨーロッパで起こった大きなうねりは、教会権威を大きく低下させ、人々から神への畏《おそ》れを取り除いた。これにより人類は、**それまで禁足地であった「不可知の領域」に初めて人間の理性のメスを入れた**のだ。

これをきっかけに、我々の**自然観**も変わった。**「神中心→人間中心」へのシフト**だ。

「もう神への遠慮は無用。さあ俺たち人間は、いよいよ神さまから自然を奪い返した。これからは不可知の部分も探究し、〝**自然の利用・支配**〟をめざすぞ！」――

これが、科学の始まりだ。

近代初期の科学者たち

この時期、科学の世界を彩ったのは、**コペルニクス**、**ケプラー**、**ニュートン**、**ガリレイ**といったスターたちだった。コペルニクスとガリレイは**地動説**を、ケプラーは楕円の惑星軌道を、ニュートンは**万有引力の法則**をそれぞれ示し、従来の教会的な価値観に染まった当時の人々を驚かせた。

ただし、ガリレイだけは気の毒だった。教会弱体化の時代とはいえ、ガリレイはイタリア人で、ローマはカトリックの総本山。ガリレイは運悪く宗教裁判にかけられ、有罪判決と自説放棄を命じられた。

このとき、「**それでも地球は回っている**」とつぶやいたと言われているが、これはたぶん伝説。こんなの判事に聞かれたら１００％火あぶりだし、聞こえないほどの小声なら伝説に残ることもない。

そもそも吉田茂の「バカヤロー」だって、超小声なのに野党に拾われて解散に追い込まれたんだから、小声でも言えば聞こえる。だから絶対言ってない!!（何をムキになっているんだ僕は?）

ちなみにヴァチカンが彼の名誉を回復したのは、死後350年も経った1992年（バブル崩壊の翌年）で、彼を讃えるミサ実施は2009年（リーマン・ショックの翌年）。日米を襲った2つの経済危機は、間違いなくガリレイの怨念だ。イタリアでやってくれよ。

しかし、そのような華々しい業績の陰で、科学的なものの見方や考え方を構築した人たちもいた。ベーコンとデカルトだ。

「さあ実験だ、観察だ。神に代わって我らが自然を支配するぞ!!」by ベーコン

ベーコンは、実験・観察など「経験」の積み重ねから真理や法則を導く哲学、「イギリス経験論」の祖だ。

彼はイギリスの名家の出で、哲学者だけでなく政治家でもあった。エリザベス1世

の時代に法律を学び、下院議員となった後、順調に出世し最終的にはなんと大法官にまで上り詰めたというから大したものだ。

大法官は日本でいえば「最高裁長官」。それをやりながら、哲学で後世に名を残すなんてすごすぎる。日本にも東大出て東京高裁の判事をやりながら、ツイッターに自身のブリーフ姿を上げまくって最高裁からメチャメチャ叱られた三島由紀夫似の多才な人（??）がいるが、その人を思い出した。

しかしベーコンは、その大法官時代に政争に巻き込まれ、最終的には汚職の嫌疑をかけられ辞任した。その後は、執筆と科学の実験に没頭したが、鶏肉の冷凍実験中にひいた風邪がもとで亡くなったというのは有名な話だ。

ベーコンの経験論は「**自分の目で見ること**」を重視する。つまり、**実験や観察といった感覚的経験から正しい知識をえて、その知識を「自然を利用し支配する」ための力とする。**

まさにベーコンの名言通り「**知は力なり**」だ。

そして、その知識をえるための手段が「**帰納法**」だ。

帰納法とは、

「個々の事実**→実験と観察→**真理と法則をえる」

というやり方だ。

つまり「北海道は寒かった。モスクワも寒かった。アラスカも寒かった。ということは、緯度の高い地域は寒いってことか」みたいな具合だ。

これなどは個々の「緯度の高い地域」を〝観察〟した結果、「緯度の高い地域は寒い」という普遍的真理に至っているから、まさに帰納法だ。

ただし実験・観察を重視する以上、気をつけないといけない点がある。

それは**観察をする自分の目が、偏見で曇っていてはいけない**ということだ。

ベーコンは、この偏見を「**イドラ**」と呼んだ。

イドラには、次の４つがある。

・「**種族のイドラ**」（目の錯覚など、人類という種族に共通する偏見）
・「**洞窟のイドラ**」（「井の中の蛙《かわず》」的な、狭い環境で生まれる偏見）
・「**市場のイドラ**」（人が集まる所で生まれやすい偏見）
・「**劇場のイドラ**」（権威や伝統を無批判に信用する偏見）

ベーコンはこれらを真理に至る障害物として批判した。

そして、この経験論的思考を『**ノヴム・オルガヌム（新しい機関）**』と呼んだ。これはベーコンの著書のタイトルにもなった言葉だが、アリストテレスの哲学を空虚と断じたベーコンが、その著書群『オルガノン』への批判を込めてつけた。

「おいら体は弱いが頭は切れる。自然を支配するのは経験じゃない、理性さ」by デカルト

このベーコンに対し、**デカルトは大陸合理論の祖**だ。

デカルトの合理論では「**自分の頭で考える**」を重視する。つまり、ベーコンみたいな感覚的経験じゃなく、**推理・推論といった理性の働きを重視する**のだ。せっかく理性は万人に公平に与えられた判断能力なんだから、この能力を使わないのはもったいないというのがデカルトの考えだ。

デカルトも相当ボンボンだった。フランス高等法院の法服貴族を父とし、少年時代はイエズス会系の学校で主にスコラ哲学を学んだ。

彼は体が弱く、医者からは早死にすると言われていた。でもおかげで学校から「午前中ベッドでゴロゴロしてていい権利」(??) を与えられていた。

それ、のび太がほしいヤツ!!

しかもアニメ版の〝消毒済みのび太〟じゃなく、クズ度の高い原作版の〝純正のび太〟のほう。あの「干される前の柿」みたいなエグ味のあるほう。

あののび太にそんな権利やっちゃダメだ。そんなのやったら彼はたちまちダメニートの多重債務者になり、『ドラえもん』は『ドラえもん（R-18）』と改題され、ストーリーも歌舞伎町の闇金連中から間一髪、どこでもドアとタケコプターで逃げ切った、みたいなダーク・ファンタジーになる。

だが勉強大好きなデカルトは、この権利を最大限活用して、毎日昼までベッドの中でさまざまな本を読み耽ったのだ。

その読書で、彼は多くのことを学んだ。スコラ哲学に数学に論理学、はては占星術や魔術にまで手を出した。特に**数学は大好き**で、あのスパッと気持ちよく答えが出せる爽快感は、何ものにも代え難かった。

それに比べると、スコラ哲学は気持ちが悪かった。先生たち

やクラスメートは「奇蹟を信じろ」とか「天使の数は何人だ」などと言うが、そこには何の合理的な根拠もない。彼らはみんなすごくいい人たちで大好きだが、あいまいなスコラ哲学だけは、どうにも肌が合わなかった。

だからデカルトは、学校を卒業した後「**世間という書物を読む**」という有名な言葉を残して、外国の軍隊へ従軍した。ずいぶん突飛な話に聞こえるが、彼がめざした国が「オランダ」と聞けば納得がいく。

カトリック国のフランスに対し、**オランダはプロテスタントの国**だ。教会は学問にいちいち神学的な干渉をしてこない。そのためオランダには、当時**ヨーロッパでいちばんの「学問の自由」と「言論の自由」があった**のだ。

そもそも日本が鎖国中オランダとだけつき合ったのも、オランダがカトリック国じゃないからだ。カトリックは宗教改革に敗れたせいでヨーロッパ内で居場所が減り、辺境国に強引な布教活動をしてくる。スペインやポルトガルがそうだ。そして、強引な布教は「植民地支配への第一歩」となる。その点オランダなら安心だ。侵略の意図を持たないプロテスタントの〝安全な通商国家〟だからだ。だから日本はオランダと付き合った。江戸幕府の面々も、その辺はちゃんとわかっていたのだ。

そしてデカルトは、そのオランダ軍在籍中に、すばらしいものに出会った。**「数学の自然科学への応用」**だ。

当時のオランダ軍では、数学や物理学を「軍事技術に転用」する研究が進められていた。デカルトはその任に就き、喜々として日々計算と実験に没頭した。

そして、そこで彼はある事実を確信し、感動した。それまで**「感覚的経験（つまり実験・観察）」で解明される世界だと思われていた自然科学が、実は理性の極致である数学によって見事に解き明かされていく**という事実に、だ。

もともと好きだった数学が、さらに好きになった。この頃から彼は**「明晰《めいせき》判明な真理」**にとりつかれてゆく。

数学的に真理を見つけるために
――明晰判明

明晰判明とは、精神に疑う余地なく現れ（＝明晰）、かつ他のものからはっきりと区別される（＝判明）観念のことだ。

なくなったんじゃ話にならない。まるで妥協なき正義のためにケタ外れの暴力で海賊どもを追い立て、結果的に部下や罪なき民間人まで死なせてしまう『ワンピース』の海軍大将・赤犬（サカズキ）ぐらいやりすぎ感が強い。

デカルトは、何かないかと必死に考えた。そしてその結果、**ようやく一つの「疑いえない真理」を発見**したのだ。

それは**「考える自分」の存在**だ。

我思う、ゆえに我あり

デカルトがまず発見したのは、**「疑う」という自分の思考の作用が今この場に存在する**、という事実だ。

彼はあらゆることを疑ってきたが、よく考えたら、その疑っている「私自身の精神」が今この場に存在していることだけは疑いえない。思考の作用は、決して誰もいない所からは生まれてこないし、それが他人のものならば、私に感知できるはずがないからだ。これだけは「明晰判明な真理」だ。

そして、自分の精神作用が今ここにあるということは、その**思考の主体である「私自身の肉体」も今ここに存在する**ことになる。

つまり、〝疑う〟という私の思いが今ここにあるから、その思いの主体である私の肉体も今ここにある、ということだ。

これが、デカルトの有名な「**我思う、ゆえに我あり（コギト・エルゴ・スム）**」だ。

デカルトは、これを「哲学の第一原理」とした。つまり、彼の哲学は「**疑いえない己の精神を使って、疑いうるあらゆる事物を考察する**」という形になる。これが合理論。まさに「自分の頭で考える」だ。

自分の頭で考えよう――演繹法

このように理性の働きを重視する合理論では、科学的なものの考え方も、当然そのような形をとる。それが「**演繹《えんえき》法**」だ。

これはベーコンの「帰納法」の真逆の思考パターンだ。

つまり

「真理や法則→**推理と推論**→個々の事実を推測する」

というやり方だ。

つまり、「緯度の高い地域は寒いはずだ。ということは、北海道もモスクワもアラスカも寒いはずだ」みたいな具合だ。最初に真理や法則と呼べるような前提を置き、そこから頭を使うことで、個々の事実を推測している。これが演繹法の形だ。

第4章

啓蒙思想

まとめ

啓蒙思想

18世紀・フランス

考えろ考えろ！ 何か世の中おかしくないか？

17世紀・イギリスで
市民革命が成功！

↓

ぜんぶうーそさ、
そんなもんさ、
王の権威は
まぼろしー♪

ヴォルテール
[1694〜1778]
フランスの劇作家。『百科全書』の中心執筆者。

↓

フランス革命

啓蒙とは何か？

「ねえパパ、何で僕らは王さまに従わないといけないの？」

「それはね、王さまが偉いからだよ」

「何で偉いの？　同じ人間じゃないの？」

「…………とにかく偉いから従わないといけないんだよ」

「ふーん変なの。じゃパパ、何で僕らは教会に逆らっちゃいけないの？」

「それはね、偉いからだよ」

「何が偉いの？　教会が？　神さまが？」

「もちろん神さまさ」

「えー、何で偉いの神さまなのに。教会に逆らっちゃいけないの？　教会は偉くないの？」

「偉いさもちろん」

「でも、神さまよりは偉くないんだ」

「…………もうパパ忙しいから、あっちへ行ってなさい」

「じゃあさパパ、王さまと神さまと教会は、どれがいちばん偉いの？」

「もう遅いから寝なさい！」

「みんな同じなの？　じゃ3つは肩組んで歩いたりするの？　もし3つが一緒にうちにきたら、誰からお茶出そうかとか、誰にいちばん丁寧な敬語使おうとか、気にしなくていいの？　3つが一緒にお酒飲みに行ったら、誰が上座に座るかとか、誰がいちばん多く払うかとか、考えなくていいの？」

「うるさい、うるさい、うるさい!!」

「うるせーのはテメーだよ、クソオヤジ。ちゃんと考えろよ。逃げてんじゃねーよ!!」

「クソオヤジって……お前タカシじゃないな。い、いったい誰だ!?」

——そう、これはタカシじゃない。「理性」の声だ。

啓蒙思想とは「**無知と偏見からの理性による解放**」のことだ。
かつて我々は無知だった。だから、教会や王さまに抑圧されても「教会だから仕方ない」「王さまだから仕方ない」ですませていた。

でも、そこに**〝理性の光〟を当ててみれば、その「仕方ない」はおかしいことに気づく**。

だって、教会は「無差別・平等・無償の愛（アガペー）」が看板のキリスト教の出先機関だし、王さまは自分と同じ人間だ。どう考えても、我々が一方的に抑圧される理由はない。それどころか、そこに上下関係があること自体おかしい。

これらを「仕方ない」で飲み込んでいたんじゃ、人類に明るい未来なんてあるわけない。

啓蒙思想とは、これまで当たり前にあきらめていた理不尽に「理性」の光を当てて、我々を「**無知蒙昧《むちもうまい》の状態から啓《ひら》く**」ための思想だ。

誰もが理性はあるのに使えていない

ドイツの哲学者**カント**は、著書『啓蒙とは何か』において、啓蒙を「**未成年状態**

からの脱却」と表現した。

未成年とは、**他人の指導なしに理性を発揮できない状態**のことだ。

つまり、我々は誰もが理性を持っている。でも使えない。使うことが怖いのだ。下手に使って、教会から火あぶりにされるのが怖いのだ。王に首をちょん切られるのが怖いのだ。

だから我々は理性を封印した。この先は、誰かが上から「理性使ってよし！」と指導してくれるまで、バカのフリをし続けるだろう。

でも、それでいいのか人間？

『カイジ』のラスボス・帝愛グループ会長の兵藤和尊《かずたか》ならこう言うだろう。「所詮お前は指示待ち人間」と。そして、それを言われた帝愛グループナンバー2の利根川はどうなった？

カイジに敗れ、焼き土下座（熱した鉄板上での土下座）させられたではないか。結局、教会に焼かれなくても焼かれるのだ。指示待ちのままでも、我らの人生は焼かれるのだ。

だから、カントは訴える。「**知る勇気を持て**」「**使う勇気を持て**」と。

これがカントの考える啓蒙「**あえて賢かれ**」だ。

イギリスの市民革命に憧れて

啓蒙思想が発展したのは、**18世紀のフランス**だ。だがその萌芽は、**17世紀のイギリス**にまで遡る。

17世紀のイギリスでは、理性的なものの考え方が、従来の価値観を打ち崩しつつあった。

ベーコンの経験論とニュートンの物理学で科学は栄え、古くさい教会的な自然観は消し飛んだ。また、ロックの自然権思想（人間は生まれながらに自由で平等）で、人々は権利意識にも目覚めた。

その結果、イギリスはどうなったか？――

カトリックの支配は崩れ、市民革命で絶対王政は打破されたのだ。

理性の生み出す大きなうねりが、旧来の伝統と権威を倒した。

イギリスが見せた「知る勇気と使う勇気」は、他国に大きな衝撃と影響を与えた。

「イギリスは暴君を倒して自由になったぞ。うちもイギリスに続け！」

by ヴォルテール

18世紀のフランスは澱んでいた。イギリスは2つの市民革命（清教徒革命と名誉革命）で専制君主を打倒したのに、フランスでは、まだブルボン王朝が力を持ち、身分制と封建制の「旧制度（アンシャン・レジーム）」で人々を苦しめていた。

つまり、**イギリスで資本家たちが「ジャマな王は倒したぞ。さあ産業革命だ！」とはしゃぎ始めた頃、フランスではまだ「いつものように農民から年貢をしぼり取りますかな」とやっていた**のだ。時代錯誤もはなはだしい。

おまけにカトリック教会の力も強い。高圧的なカトリック教会の傲慢さは、緩めのプロテスタントである英国国教会の寛大さとは大違いだ。

こんな状況に風穴を開けたのが、劇作家**ヴォルテール**だ。

彼は一流の劇作家だったが、そのあまりに風刺の効きすぎた作風のせいで、何度も投獄され、それを嫌って仕方なくイギリスに2年間だけ亡命した。

そこでイギリスの思想に触れたことが、彼の人生の転機となった。

「何てこった！　ここには個人の自由もあるし、法を尊重する空気もあるぞ。おまけに英国国教会の何と寛大なこと。この空気、ぜひともフランスに持ち帰らねば」

彼はフランスに帰国した後、**ニュートンの物理学、ロックの政治思想など、イギリスの文物をどんどん紹介**し、人々はそれを驚きをもって迎え入れた。

そりゃそうだ。だってそれらは、**イギリスでは単に科学や政治の本でも、フランス人の目から見れば「革命の先駆者たちの思想」**なのだから。

人々はイギリスの文物を読み耽り、そこから力をもらった。こうして単に「無知蒙昧に理性の光を当てる」だけだった啓蒙思想は、フランスでは次第に**「革命を正当化する思想」へと先鋭化**していくのだ。

フランス一危ない書物『百科全書』

その後ヴォルテールは、万能の天才、**ディドロ**が編集長を務める『**百科全書**』の中心執筆者となる。

『百科全書』とは、その名の通り、もともとはただの百科事典。ルネサンス以降の科学技術や職人工芸の数々をまとめたイギリスの百科事典の翻訳だ。

ところがこの危険な2人が出会ったおかげで、**その内容はどんどんずれて先鋭化し、気がついたら〝フランス一危ない書物〟へと生まれ変わった**のだ。

そこにルソーやダランベールなど、当時の尖った思想家たちまでもが我も我もと執筆し始めたことで、最終的に『百科全書』は『殺し屋1（イチ）』レベルの有害書となった。つまり「ルネサンスとはこんな感じですよ～」から「垣原の変態野郎をミンチにしてしまえ‼」への、驚異の変貌だ。

当然ミンチにされたくない**国王は、教会と結託して百科全書派を弾圧**した。しかし、彼らは止まらない。地下に潜って執筆を続け、ついにこの大作を完成させたのだ。『百科全書』は総巻数35巻、費やされた年数約30年という超大作になった。

その内容はもはや百科事典ではなく、**理性の光でフランス人に「考え方の革新」を迫る〝啓蒙思想の集大成〟的な作品**になっていた。

そして、ここで形成された大きな流れがフランス革命の原動力となり、この後フランス人民は見事自由を勝ち取ることができたのだ。

第5章

ドイツ観念論哲学

まとめ

ドイツ観念論哲学

18世紀後半〜19世紀半ば・ドイツ

現実世界は変えられなくても、内面世界は変えられる。

イギリスとフランスが
絶対王政を打倒！

↓

影響

“美しい国”創りのため、先頭に立って挑戦する覚悟であります

カント
[1724〜1804]
ドイツの哲学者。著書『純粋理性批判』『実践理性批判』『判断力批判』など。

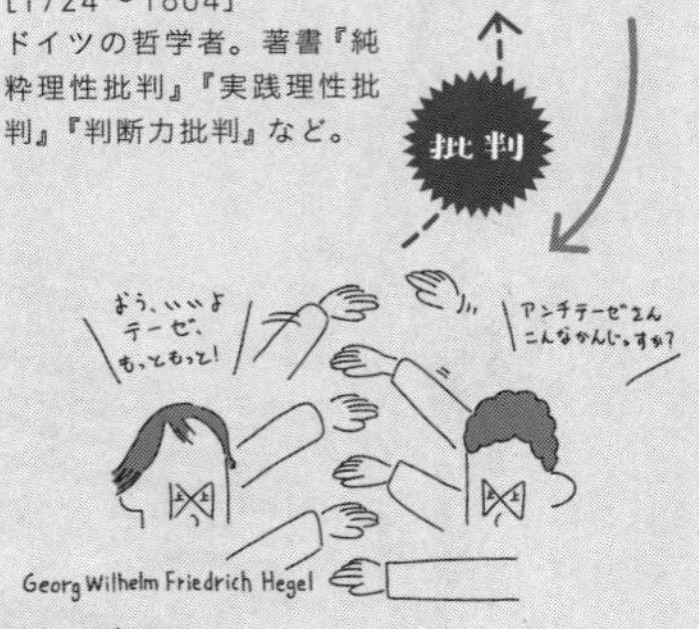
おう、いいよ テーゼ、もっともっと！
アンチテーゼさん こんなかんじっすか？
Georg Wilhelm Friedrich Hegel
ま“雨降って地固まる”ってヤツよ

ヘーゲル
[1770〜1831]
ドイツの哲学者。ドイツ観念論の完成者。著書『精神現象学』『大論理学』『歴史哲学』など。

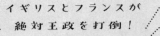

ドイツは内面の改革をめざした

イギリス・フランスでは相次いで市民革命が起こり、絶対王政の打倒に成功した。そのため人々は、よくも悪くも自由を謳歌していた。

ところがドイツは、そうはいかなかった。

あの辺にはハプスブルク家という超強い王さまがいたが、もともと小国の集まった連邦国家だったため、統一された強国にはなかなかならず、細かい領邦国家に分裂している状態が続いていた。

そして、その中でそれぞれの**封建諸侯がまだ相当強力だったため、ドイツではなかなか革命の気運やそれと結びつく啓蒙思想は盛り上がらなかった**のだ。

うーん、『キングダム』で言えば、まだ中華も統一してないときに秦の王だけ革命で倒しても、趙《ちょう》に李牧《りぼく》や龐煖《ほうけん》、魏《ぎ》に呉鳳明《ごほうめい》、楚《そ》に媧燐《かりん》など「次の暴君候補」がうじゃうじゃ控えているうちは、人民は幸せになれないってことか。

確かに、革命が人民を自由にするどころか「〝別の天下人〟を生むアシスト」になったんでは、バカを見るのは人民だ。そいつのために革命をやってやったようなものだ。なるほど、「敵は強くても一人」だからこそ革命は成就する——勉強になりました。

そういうわけでドイツでは、イギリスやフランスみたいな**外面的な社会変革をめざす思想よりも、「内面的な道徳世界」の確立をめざす思想が発展**していく。つまり、社会という外面は変えられなくても、**心の中に理想の世界を打ち立てておいて、いつでも使えるようにしときましょう**、という思想だ。

これが「**ドイツ観念論哲学**」だ。

「みんなが常に道徳的である世界って、いいなあ……」 by カント

ドイツ観念論哲学の祖といえば、**カント**だ。

カントは〝**批判哲学者**〟と呼ばれている。確かに彼の著書は『純粋理性批判』『実践理性批判』『判断力批判』と「批判」まみれだ。

でも、**この批判は「吟味・検討する」という意味で、決して「ケチをつける」という意味ではない**。だから、別に**ディオゲネス**みたいな偏屈じいさんがケンカ腰で議論を吹っかけてくるような本ではない。

ちなみにディオゲネスとは、ヘレニズム時代のギリシア思想家で、樽の中に住み、ほぼ風呂に入らず、人に小便をかけ、アレキサンダー大王に「どけ」と言い、プラトンに〝狂ったソクラテス〟と言わしめた人気者だ。よく新宿中央公園あたりに、一見賢者風だが実はただカルシウムや糖分が足りてないだけの「がっかり賢者」がいるが、あのがっかりでないバージョンみたいな人だ。

カントが吟味・検討したのは、**人間の「理性の能力」**だ。

その結果、非常におもしろいことを発見した。

それは「**人間には理性が2つある**」ということだ。

カントによると、人間には「**理論理性**」と「**実践理性**」の2つがあり、それぞれ扱う領域が違う。**理論理性は「自然科学の世界」、実践理性は「道徳世界」を扱う。**

そして、カント哲学では、それらの働きや限界を見ながら、最終的には道徳世界の確立をめざすことになる。

自然科学を認識する理性——理論理性

カントは、まず「**経験論**（150ページ）**と合理論**（154ページ）**の統合**」から始めた。

カントによると、我々には先天的に「経験論的な能力」と「合理論的な能力」が備わっている。前者が「**感性**（＝素材の状況をとらえる能力）」、後者が「**悟性**（＝分析能力）」と呼ばれるものだ。

そして、あらゆる事物は必ず次の手順で認識する。

①まず、「感性」が感覚的に素材の状況をとらえる。

←②次に、感性のとらえた素材を「悟性」が分析・判断する。

←③最終的に、「理論理性」が両者をまとめ上げ、認識につなげる。

例えば「雪が降る」という出来事と「木が揺れる」という出来事が起こったとしよう。

①感性は、この素材の状況を正確にとらえる。〝正確に〟とは色とか姿形だけでなく、「どっちが先で、どっちが後に起こったのか」や「どちらのほうが大きいか小さいか」まで含まれる。ただし、あくまで感性の仕事は素材をそのままとらえるだけだから、両者を結びつけて考えたりはしない。

②次に、感性がとらえたこの2つの素材が「悟性」に回されてくる。悟性は分析能力だが、その基本は「**因果関係**」。つまり「原因と結果」の関係で、2つの事柄がある場合にはそれらを結びつけて判断する。

今回の場合はこうだ。「先に雪が降ったから、後で木が揺れた」。

③そして、これらをまとめ上げる編集室みたいな場所が、人間が持つ一つめの理性「理論理性」というわけだ。

人間には頑張ってもわからない世界がある

しかし、この考え方でいくと、**理論理性には限界がある**ことになる。それは、「**感性でとらえられないものは認識できない**」ということだ。

認識の手順は必ず「**まず感性がとらえる→次に悟性が分析する→認識**」だ。だから、もし感性が感覚的にとらえられない素材があったら、それは悟性に回せない。悟性に回せないなら、その素材は分析できない。分析できないなら、それはどんなに頑張っても認識できないことになる。

例えば、「神さま」という素材で考えてみよう。

我々は神さまという素材を頭の中で想定することはできる。ところが神さまは、感性でとらえられない。つまり感覚的に「見たり・聞いたり・触ったり・においを嗅いだり」できない。そうすると感性でとらえられない素材は、残念ながら悟性に回せない。だから、その素材はたとえ100万年かかっても認識できないということになるのだ。

従来の認識論の基本は「認識が対象に従う」だった。つまり、我々の認識能力が素材にどこまでもしぶとく食らいついていき、最後にはどんな素材でも必ず認識できるという、かなり楽天的な認識論だ。

でもカントは違う。**カントは「対象が認識に従う」だ。**つまり、「素材が人間の認識能力に従う」という意味だから、人間の認識能力が低ければそれに従って認識をあきらめる素材も出てくることになる。

具体的には、まず「感性」という能力でとらえられなければ、次の「悟性」に回せないため、その素材は分析も認識もできないということだ。

「感性」という能力は、メガネのレンズと同じだ。近視の人に見えるのは、レンズの内側の世界だけ。ひょっとするとレンズの外まで世界が広がっているかもしれないが、まずレンズを通さないかぎりは見ようがない。

だから、我々にはレンズの内側世界である科学の世界はわかっても、神や霊魂など**「科学でとらえられる現象の外」にまで広がっている〝世界の本体〟（＝物自体。哲学では「現象」の対義語である「本体」を意味する）は、「レンズの外」に広がっている世界だから認識できない**のだ。

Immanuel Kant
※内面の世界のイメージ

人間の認識能力には限界がある――

この衝撃の発見を、カントは「**認識のコペルニクス的転回**」と呼んだ。つまり、従来の「頑張れば何でもわかる」から、「頑張ってもわからない世界がある」への転換だ。まさに180度の回れ右だね。

今までの哲学は、レンズの外側に広がる世界であっても「頑張れば見える！」と信じ、近視の裸眼でその辺りをムリヤリ見ようとしてきた。でも、これは無理だし、哲学が本来やるべき仕事じゃない。

カントにとって**哲学のなすべきこととは、できもしない「〝世界の本体〟の認識」ではなく、「人間はどんな世界をめざすべきか」を「考える」ことだ。**

認識はできなくても、考えるだけならできる。

では、ここからがカントの後半戦だ。人間のめざすべき世界について「考えて」いこう。

よい世界とは、みんなが道徳法則に従う世界

人間のめざすべき世界は、ひとことで言えば「**道徳法則に従った世界**」だ。

誰も好き好んで悪い世界をめざしはしない。めざす以上は、当然「こうあってほしい」と思う世界をめざすはずだ。

「こうあってほしい」と思う世界は、人としてすべきことを全部すれば実現するはずだ。ならば、その世界は「道徳法則に従った世界」ということになる。

そして我々は、この**道徳法則に「義務的に従う」**ことが求められる。

なぜなら、よりよい世界をめざす以上、道徳への従い方に「今回だけ1回休み」とか「場合によっては従わなくてよし」などとムラがあっては困るからだ。そんなツギハギだらけの道徳は、カントのめざす理想世界にはつながらない。だから、道徳的な命令文は「どんな状況でも〜すべし」という形以外にありえないのだ。

そして、その命令文の口調で、自分自身の内面から道徳的な命令を発し続ける理性がある。それが「実践理性」なのだ。

道徳的な命令をする理性——実践理性

実践理性は、我々が持つ2つめの理性だ。

扱う領域は「自然科学」ではなく「**道徳**」。つまり我々の内にあるこの2つめの理性が、**心の内側から自分自身に対して「どんなときでも、俺の発する道徳命令に義務的に従え。例外は許さん！」と言ってくる**のだ。

ひぇーこれはウザいどころの騒ぎじゃないぞ。これは例えば、我々の肩口に、『ジャイアント・キリング』の村越キャプテンみたいな、やたら正義感が強くて暑苦しい仏頂面の人面瘡《じんめんそう》ができて、そいつが四六時中我々に向かって「人に親切にしろ」だの、「自分に正直であれ」だのと、わめき散らすようなものだ。

こんな窮屈な話はない。

この、**自分の道徳律で自分を縛ったがんじがらめの状態を「自律」という**。

ところがカントは、この自律を「**自由**」と呼んだ。なぜか？——

それはいかに窮屈でも、やってることは「自分の命令に自分が従っているだけ」だからだ。

例えばこんなことがあったとしよう。肩口の村越があんまり口うるさくガミガミ命令してくるもんだから、僕は渋々横断歩道をよたよた渡っているおばあちゃんの手を引いてあげたとする。自分としては、やらされてる感バリバリだ。ところが他人には、僕の内面の葛藤など見えやしない。だから見た人はこう思う。「まあ、○○さんは〝自発的に〟人に親切にしてらっしゃるわ」

つまり、自律が自由というのは**「みんなが自由に〝実践理性〟の道徳命令に従え、よりよい世界をめざせる」という意味**なのだ。

理想国家「目的の王国」とは

そして我々は、**よりよい世界を作りたいなら、各人の自律をしっかり守ることが不可欠**になってくる。「各人の自律を守る」とは、自分の自律も守りつつ、他人の自律も侵さないという意味だ。

他者から縛られることを「他律」というが、他律はよくない。なぜなら、例えば金正恩やヒトラーに抑圧されてる状態だって他律だが、そんな状態では、誰も自由に実践理性の命令に従うことができないからだ。

日々わけのわからないパレードに駆り出されて万歳を叫び、海外メディアにこれ見よがしの笑顔を見せ、近所に不満分子がいれば密告する。こんなことで忙殺されては、実践理性の道徳命令になんか従っている暇はない。そしてそれができなければ、世の中が道徳的になるはずがないのだ。

みんなが互いの自律を尊重し合い、他律を極力排除する。これができて、初めて我々はのびのび**自由に実践理性の命令に従って道徳的であることができる**。こういう気持ちを持った人々が集まってこそ、理想的国家が誕生する。カントはこの理想国家・理想的な道徳共同体を「**目的の王国**」と呼んだのだ。

「対立こそが社会発展の原動力だ」 by ヘーゲル

ヘーゲルもカント同様、ドイツ観念論哲学だ。だから、実践理性や道徳法則、「自律＝自由」の考え方など、途中まではカントと同じだ。しかし途中から、カント哲学とは方向性が合わなくなってくる。
それは**「自由のあり方」の問題**だ。

ヘーゲルは、**カントの自律を「内面的自由」と呼んだ**。なぜならカントの自由は、あまりにも内面世界で自己完結しすぎているからだ。

例えば「自己に正直であれ」という実践理性の命令があったとする。これに従うことは自律(＝自由)だ。

ただカントの場合、そこに行為が伴わなくてもOK。つまり「常にそういう心構えでいろよ」という内面規範にとどまってもかまわないのだ。

ヘーゲルはそれを許さない。「思うだけじゃなく、やれよ!!」――つまり、**ヘーゲルの自由は「行為の自由」「自己の外化」**なのだ。


ヘーゲルは、人間の**自由をめざす〝行動〟の積み重ねが、社会や歴史を発展させてきた**という歴史観を明確に持っている。

確かにそれも真理だ。実際、世の中はルネサンスや市民革命など、人間の自由をめざす行動で発展してきた。

もし『ガラスの仮面』で北島マヤが「紅天女の役は素敵だけど、私はやらなくてもいい。思うだけで満足。亜弓さんにやらせりゃいいじゃん」などと言い出したら、月影先生は白目をむいて怒るだろう。「おおマヤこの子は……思うだけじゃなくおやんなさい!!」

では、人間はなぜ、このように歴史の中で自由をめざす行動をとり続けてきたか？

ヘーゲルによると、それは自分の意思ではない。我々は**「自由を本質とする何者か」によって操られてきた**のだ。

ヘーゲルは、その何者かのことを**「絶対精神（世界精神）」**と呼んだ。

我々が自由なのは絶対精神のおかげ

絶対精神は、宇宙の根源にある大いなる精神・理性で、自由を本質とする神のような存在だ。社会主義者・マルクスの言葉を借りれば**「キリスト教の〝神〟を哲学的**

に表現」したもの。つまり、我々がうかがい知れないほど宇宙の奥のほうに「自由が大好きな神さま」がいると思ってみればいい。

その神さまは、世の中に自由を増やす。なぜか？

それは、自分が「自由大好き」だからだ。別に人間のためじゃない。それどころか**自由のためなら人間たちを利用する。**人間世界にときどき「英雄」が現れて革命などが起こるのが、まさにそれだ。

つまり、ナポレオンもシーザーもジャンヌ・ダルクも織田信長も、みーんな絶対精神に利用されていたのだ。

このように絶対精神は、自分の手を汚すことなく、ちゃっかり人間どもに自らの自己実現（＝自由の拡大）の手伝いをさせる。**絶対精神はずる賢いヤツ**なのだ。ヘーゲルはこれを「**理性の狡知《こうち》**」と呼んだ。

でもそのおかげで、自由な人の数は時代とともにどんどん増え、その人々が世界の歴史を発展させてきたのだ。

古代の東洋では皇帝一人しか自由な人がいなかったのに、古代ギリシアでは貴族や一部の市民も自由になり、現代のドイツでは、ついに万人が自由になった。これすべて絶対精神のおかげだ。

「道徳」と「法」はどう両立すべきか

――弁証法

では絶対精神は、いったいどうやって世の中の自由を拡大させてきたのか？

ヘーゲルはこれを「**弁証法**」という言葉で説明した。

弁証法とは「**〝対立〟こそが社会発展の原動力**」という考え方だ。

ヘーゲルは、これを社会や歴史の発展法則ととらえた。

これは、ものすごく正しいと思う。全面的にとは言わないまでも、確実に「一面の真理」を表している。

もし皆さんが、自分の日常が停滞していて頭打ちだなあと思うならば、いい特効

薬がある。それは**ライバルを作ること**だ。

絶対に負けたくないライバル、こいつに負けるのだけは死ぬほど悔しいと思うライバル、その出現は皆さんを脅かし、日常から平穏を奪い、生活はストレスにまみれるだろう。髪の毛だって少々抜けるかもしれない。

でも、その「負けたくない」という強い思いが向上心の原動力となり、皆さんをさらなる高みへと昇らせるのだ。

だから、ライバルのいる者は強い。星飛雄馬には花形が、矢吹丈には力石が、北島マヤには亜弓さんが、ケンシロウにはラオウが、花道には流川がいたからこそ、あそこまで強くなれたのだ。

ヘーゲル哲学では、このような**対立によりさらなる高みに飛躍することを「弁証法的発展」と言う**。

弁証法は、正確に言うと、あるものと別のものが対立することで、よりよいものを作り出す運動だ。その発展法則は、次の3段階を経る。

・正……「**あるもの（テーゼ）**」だけが存在し、対立物はまだない状態。

↓

・反……それと対立する「**別のもの（アンチテーゼ）**」が現れる。

↓

・合……両者が互いを否定しつつもいい部分は残し「**よりよいもの（ジンテーゼ）**」を作り出す。このよりよいものを作り出す運動を「**止揚（アウフヘーベン）**」という。

つまり、例えば「青道高校野球部に、沢村栄純というピッチャーしかいず、くすぶっている状態」があるとすれば、そこにおける沢村が「テーゼ」。

でも、そこに「沢村を脅かす剛速球投手・降谷暁《ふるやあきら》が入ってきた」としたら、この降谷が「アンチテーゼ」。

両者は互いにライバル心むき出しで競い合い、両者のレベルアップで結果的

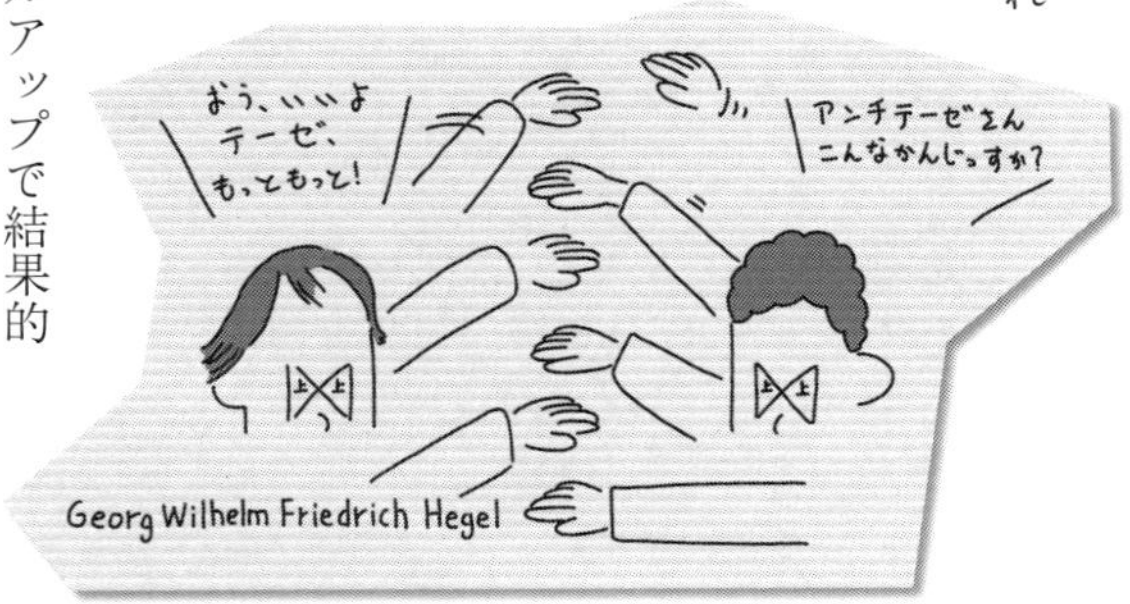
おう、いいよ
テーゼ、
もっともっと！
アンチテーゼさん
こんなかんじっすか？
Georg Wilhelm Friedrich Hegel

に青道高校が甲子園出場を決めたなら、この出来上がった「甲子園に出られるほどの青道高校」が「ジンテーゼ」という具合だ。

全体をまとめると、「沢村と降谷が対立したことで、両者がアウフヘーベンされて〝強い青道高校〟というジンテーゼを生み出した」となる。

ヘーゲルは、「人間社会のルール」や「共同体のあり方」も弁証法で説明した。

まず、**人間社会に最初に現れてくるルールは〝道徳〟**だ。なぜなら道徳は「自己の内面にある実践理性が発する命令」、つまり他者を必要とせず、自分一人で作ることができるからだ。だから最初に、まず道徳が生まれる。

ところが道徳には、問題点がある。

それは、自分の道徳律と他者の道徳律がかみ合わない可能性だ。

古代ギリシアのソフィストやカントのところでも言ったが、**道徳とは元来主観的**なものだ。

だってカントが言うように「自分の実践理性が自分に対して発する命令」が道徳ならば、**結局それは「自分ルール」であり、道徳観は人それぞれになる。**だから、人によっては**「人を殺すことは悪」も道徳だし、「戦場で敵を殺すのは正義」も道徳になりえる**。

カントは、我々の道徳が「**常に同時に普遍的立法の原理として妥当するようにしろ（＝みんなの道徳観とかみ合うようにしろ）**」と言ったが、これはあくまで努力目標。実際にはそんなにうまくフィットしたりはしない。

そうなると、道徳だけで社会のルールを形成するのは難しい。そこで、道徳のアンチテーゼとして「**法**」が出てくる。

法は、みんなで話し合って決めた共通ルールだ。具体的には、国会で国会議員が過半数賛成すれば、法律案は可決される。

しかしこの法、みんなが納得しているとはかぎらない。

例えば、日本の刑法第199条（「人を殺した者は、死刑または無期もしくは5年以上の懲役に処する」）ができたとき、「え？　これからは人殺しは全部罪になるの？」と思った人もいるかもしれない。ということは、法の問題点は、万人が納得しているとはかぎらないということだ。

そうすると、両者は激しく対立して、いい部分だけを残そうとし、最終的には道徳と法はアウフヘーベンされて「**人倫**《じんりん》」というジンテーゼへと生まれ変わるのだ。

人倫とは、本来主観的である道徳と、法の客観性が総合された**「客観的な道徳」とでも呼ぶべきもの**だ。

「え？　人倫って何だよ」

当然そう思った人も多いことだろう。でも残念ながら、「人倫とはこんな感じ」みたいな具体的説明はできない。ヘーゲルの弁証法は、どうしても「抽象的なもの同士の足し算」になることが多いため、具体的なイメージが湧きづらいことが多いのだ。

とにかくヘーゲル的には、道徳の「秩序」と法の「強制力」がうまくまとまったものを「人倫」と呼び、これが人間の共同体に必要な社会規範ということになる。

そして、その人倫が実現する人間の共同体のあり方も、弁証法的に発展する。

まず、人間が形成する最も基礎的な共同体は「**家族**」だ。

家族は、愛情結合で形成される唯一の共同体だ。そこにいれば安らぎがえられる。

しかし、家族にはまずい点がある。その愛にジャマされて、しばしば自由が利かなくなる点だ。

例えば、自分は大学に行きたいのに、お父さんがリストラされて、経済的に苦しくなった。そのとき我々はどうするだろう？

おそらく「それでも大学に行きたい」とはなかなか言えず、進学を断念する。結局、我々は「愛のために自分の自由を犠牲」にしたのだ。

しかしそうすると、「そんな不自由、もううんざりだ！」と、家を飛び出す者が出てくる。そんなとき、我々の行く先はどこになるか？

ヘーゲルによると、我々の行く先は家族のアンチテーゼ「**市民社会**」になる。

市民社会には、家族にはなかった自由がある。なぜなら誰も血のつながりがないからだ。みんなのびのびと自由を謳歌している。

しかし、市民社会は「愛なき自由」の場。みんな自由に人を踏みつけ、利己的にふるまう。ヘーゲルはそんな市民社会を「**欲望の体系**」と呼んだ。

結局、家族にもまずい点があり、市民社会にもまずい点がある。だから、両者は悪い部分を否定し合い、いい部分だけを残そうとして、そうして両者がアウフヘーベンされて生まれてきたジンテーゼが「**国家**」だ。

国家では、「治安維持」という名目で愛が変形した「安らぎ」が与えられ、「不平等是正」という名目で人々を経済的従属から解放し「自由」をもたらす。

だから、**国家こそが「人倫の実現する最高段階」**となる。これがヘーゲルの考えだ。

第6章

功利主義

まとめ

功利主義

19世紀前半・イギリス

結果的に、みんなハッピーになればいいじゃないか。

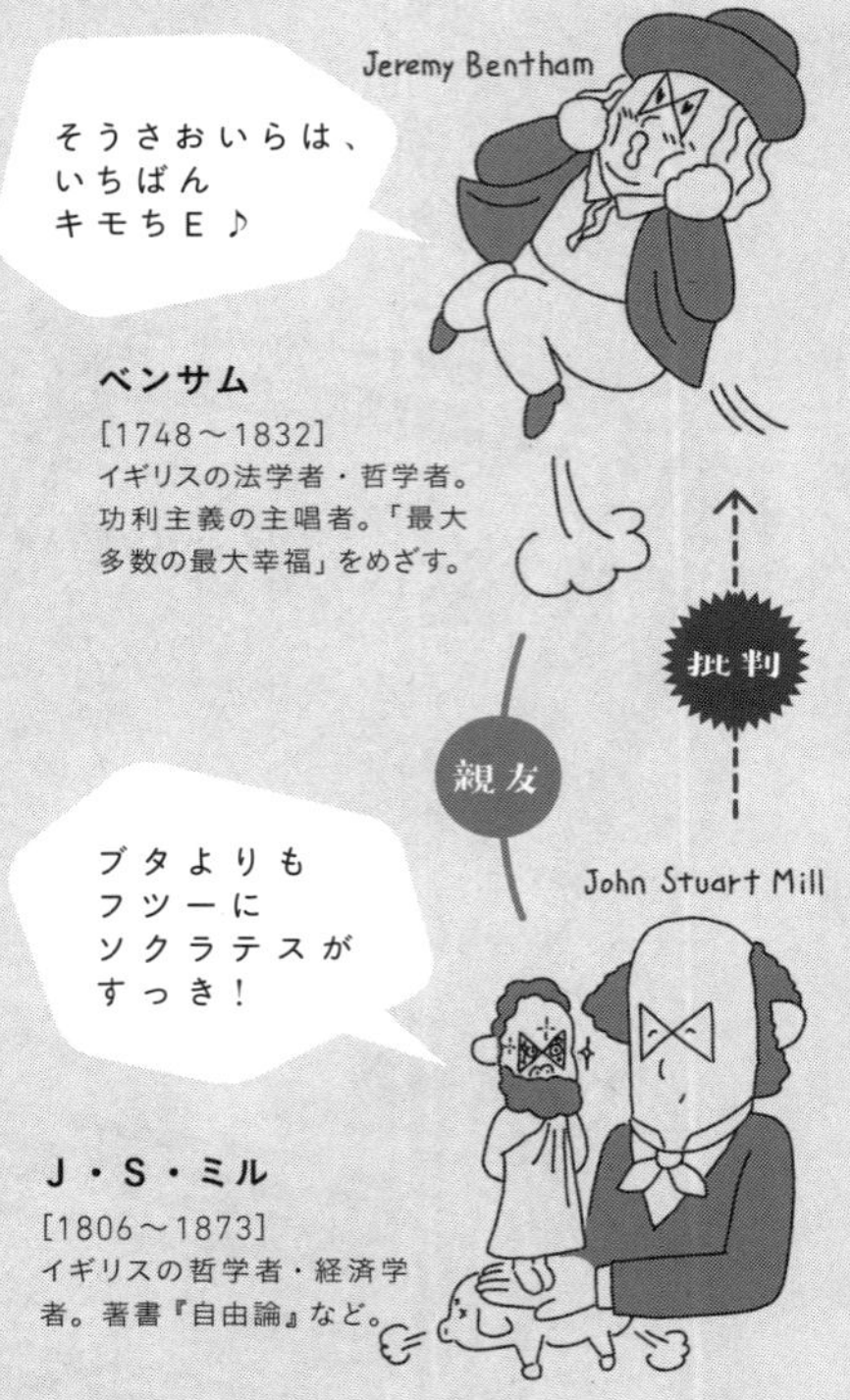

Jeremy Bentham
そうさおいらは、
いちばん
キモちE♪
批判
親友
John Stuart Mill
ブタよりも
フツーに
ソクラテスが
すっき！

ベンサム
[1748〜1832]
イギリスの法学者・哲学者。功利主義の主唱者。「最大多数の最大幸福」をめざす。

J・S・ミル
[1806〜1873]
イギリスの哲学者・経済学者。著書『自由論』など。

↓

ヨーロッパで急速に
資本主義が発展！

功利主義の誕生

産業革命期のイギリスは、まさに「欲望の体系」だった。

人々は豊かさに酔いしれていた——

「見ろよ今のイギリスを。でかい街、着飾った人々、高度に発達した文明、あふれ返る金とモノ。これ全部、自由競争のおかげだぜ。あくなき利潤追求のおかげだぜ。こんなゴージャスな生活、あのカビくさいカトリック支配の時代に考えられたか？　あの頃俺らは『〝貪欲〟は7つの大罪の一つ」とか教えられて、我慢ばっかしてたんだぜ。マジで夢みたいだよ。何てすばらしいんだ資本主義。競争社会バンザイ！　勝ち組バンザイ！』

「でも俺は、まだまだ満足していない。もっともっと稼ぎたいしもっともっといい暮らしがしたい。もっと稼いでヒルズかウォーターフロントに住んで芸能人と知り合いになって燃費悪い車乗り回してロレックス買って上の下ぐらいのグラビアアイドルと結婚して子供の通う私立さりげなく自慢してFacebookでリア充アピールしたい！　く～でかすぎるぜ俺の夢」

もうやめろッ!!　何なんだ資本主義というやつは⁉　そんな下品でハレンチで即物的な世界に住みたいのか⁉――理性的で道徳的な人々は怒った。いかにカルヴァン主義が利潤肯定とはいえ、ここまで道徳的退廃が進んでは、さすがにもう容認できない。こんなの人間社会じゃない。

でも、そんな下品な社会を擁護する思想も生まれてきた。「**功利主義**」だ。

功利主義者はこのけものじみた社会を擁護して、「**個々人のあくなき利潤追求が、最終的には社会全体の幸福につながる**のだ」と訴えた。

功利主義は、産業革命華やかなりし19世紀のイギリスが生んだ思想だ。

「みんなの〝気持ちいい〟を全部足しちゃいましょうか」 by ベンサム

功利主義は、行為の善悪の基準を**「快楽や幸福をもたらすか否か」**に求める考え方だ。

「功利」とは「結果の有用性」のこと。つまり、結果的に役立つものだけを求めていきましょうということだ。そしてベンサムは「役立つもの＝快楽や幸福をもたらすもの」と考えたわけだ。

功利主義では、善悪を測るモノサシは**「快苦」**になる。つまり**快楽の増大が善、苦痛の増大が悪**という考え方だ。これは非常にわかりやすいが、確かに下品ちゃ下品だ。少なくとも「善悪」なんてデリケートな部分を測るにしては、あんまりエレガントな基準ではないな。

この思想の提唱者は**ベンサム**。幼い頃からとてつもない神童だった彼は、13歳でオックスフォード大学に入学し、21歳で弁護士資格を取得。ゆくゆくは法曹界をしょって立つ人材になると見られていた。

ところが彼は、弁護士にはならなかった。イギリス法曹界と法体系のあまりの「誤魔化しの悪魔」っぷりに幻滅したのだ。「何なんだイギリスの法体系は？　腐敗と欺《ぎ》瞞《まん》に満ちているじゃないか。こんな世界イヤだ!!」——

彼は著述業に就いて精力的に執筆し、法と社会の改良のための提案をどんどん行った。

そして彼は、その法と社会の根底に据えるべき「政治目標」と「道徳原理」を発見した。それが**「最大多数の最大幸福」**と**「快楽こそが善」**だった。

ゴールは「最大多数の最大幸福」

これはベンサムの言葉ではない。「神の〝見えざる手〟」でおなじみの経済学者アダム・スミスの師、ハチソンの言葉だ。

ベンサムは若い頃、特権階級の既得権のために歪《ゆが》みきったイギリスの法体系をまっすぐに矯正できる法のあり方はないものかと考えていた。そんなとき、偶然出会ったのがこの言葉だ。

彼はこの言葉を見た瞬間、思わず叫んだ。

「エウレカ!!（見つけたぞ!!）」

エウレカは「見つけた・発見した」を意味するギリシア語だ。アルキメデスがテルマエ・ロマエな公共浴場で入浴中に「浮力の原理」を発見し、興奮してこの言葉を叫びながら、すっぽんぽんで家まで駆け戻ったという話は有名だ。

でもベンサム、何で「ギリシア語で思わず叫ぶ」んだ？　ははあさては準備してたな恥ずかしいヤツめ。あとギリシア人は脱ぎたがりすぎ。

そうだ、これだよ。これこそが政治目標にふさわしい言葉だよ。「最大多数の最大幸福」かあ、確かにその通りだな。考えてみれば、たかだか数千人の貴族のために、何十万人もの市民が犠牲になってる今のイギ

リスは、明らかにおかしい。よーしこれからは、より多くの人が幸せになることで社会全体が幸せになるような、そんな国家をめざすぞ――

でも、どうやって？――

確かに**「最大多数の最大幸福」をゴールにするには、まず「何をもって幸福とするのか？」という判断基準が必要**だ。そこでベンサムが思いついたのが**「快楽こそが善」という新しい基準**だった。

「快楽こそが善」という道徳

快楽は、人間の行動原理にかなっている。なぜなら**人間の自発的な行動は、すべて「その人なりの快楽原則」に従った結果**だからだ。

例えば、資本家ががむしゃらに金儲けに走るのは、それが彼らにとって「気持ちいい」からだし、聖職者が禁欲生活に励むのも、そんなストイックな自分が「気持ちいい」からだ。智辯《ちべん》和歌山の野球部員が厳しい練習に耐えるのだって甲子園で勝つのが

「気持ちいい」からだし、侍がハラキリをするのも主君のためにうっとり死ぬ自分が「気持ちいい」からだ。

そして「気持ちいい」は、その人を「幸せ」にする「善いこと」だ。ならば「快楽こそが善」は、立派な道徳原理になっているじゃないか。

貴族も資本家も労働者も、みな平等

——量的功利主義

そしてベンサムは、この道徳原理に基づいて、**一人ひとりの快楽量を増やす**ような政策をめざしていこうと提案した。

なぜなら「最大多数の最大幸福」をめざすなら、**「国民一人ひとりの快楽量の総和＝社会全体の快楽量」**を増やすのが、最も自然な考え方だからだ。これがベンサムの功利主義、いわゆる**「量的功利主義」**だ。

そして、この「量的功利主義」には、もう一つとても大事な考え方が隠れている。

それは**「万人は平等」という人間観**だ。

なぜこれが、人間の平等観につながるのか？

まず「一人ひとりの快楽量を足せば、社会全体の快楽量になる」とは、一人ひとりの快楽量は「足せる」ということだ。

当然、異質なモノ同士は足せない。「ヒロシ君はみかんを3個とリンゴを5個買いました。さて何個でしょう？」は成立しない。

でも、人間の快楽量は、誰のものでも足せる。ということは、**貴族も資本家も労働者も、みんな等しく快苦の原則に支配されている「等質な存在」**なのだ。

彼は思想の根底には、この「人間は平等」があった。だからこそ彼は、イギリスの政治的腐敗を嫌ったのだ。

彼のこの考え方は**「一人一票」の普通選挙実現に大きな影響を与えた。**

「本能的」な道徳

しかし、彼の「快楽こそが善」は、あまりにも新しい道徳だった。いや新しいというより、そもそもこれが道徳として成立するのかどうかすら疑わしい。なぜなら「快苦」というモノサシは、非常に感覚的で動物的だからだ。

これは人間の道徳としては、あまりにも即物的で下品なものに感じられる。だから当時も、多くの人々は「こんな下品なもの、理性的な存在である人間の道徳になりえない」と考えたのだ。

しかし、ベンサムはこれを道徳ととらえた。なぜか？——

それは彼が、そもそも**「人間は理性的な存在」とは考えてなかった**からだ。**ベンサムは、人間を「本能的」な存在ととらえていた。**

理性と本能は対義語だ。そして、カント哲学に代表されるように、今までの常識では「道徳は〝理性〟の専売特許」だった。

しかしベンサムは違う。彼の「快楽こそが善」は、**「道徳は〝本能〟の専売特許」**と言っているのに等しい。

彼は言う、**「人間が快楽を求めて、苦痛を避けようとするのは、自然的本性の傾向である」**と。自然的本性とは「本能」のことだから、この文は「人間には快楽を求める本能がある」と言っているわけだ。

そして、ベンサムの道徳は「快楽こそが善」。ならば、ベンサムはやっぱり**「本能こそが道徳基準だよ」**と言っているわけだ。


うーん、何て斬新な道徳観だ！

でも、言われてみればそうかもしれない。なぜなら人間は、**理性的であろうとストイックに努力する姿も美しいけど、本能のおもむくままにのびのびとふるまう姿も美しい**から。つまりは流川と花道だ。白鵬と朝青龍だ。亜弓さんとマヤちゃんだ。

そして我々は、理性的な人が示す完成度にも魅力を感じるが、最終的には本能タイプの荒々しい魅力に圧倒される。僕のスマホの待ち受けだって、白鵬ではなく朝青龍だ。印象としても、理性的な人は「隙のない完成品」で、本能タイプは「下品で隙だらけの未完成品」だ。そして我々は、何だかんだ後者が好きだ。ならば、本能を善としたっていいじゃないか。理性的なものだけを道徳的と決めつけるのはおかしいぞ。しかも、後者は欲望に忠実だから、秘めたるパワーやポテンシャルも凄まじい。そう考えると、社会を改良するものは、やはり理性ではなく本能だ。

人間は「動機」より「結果」を求める
――結果説

そして、人間が「本能型」であるならば、**本当に求めるものは「動機」の美しさではなく「結果」**であるはずだ。

カントは、「実践理性の道徳命令を動機とする世界は美しい」と考えた（１８５ページ）。これはいわゆる「**動機説**」だ。

確かに理性的に道徳世界をめざす姿は、品位があって美しい。でも、そこに**「結果」が伴わなければ、本能部分は満たせない**。腹もふくれないし、財産も増えない。

単なる理性の自己満足だ。

それよりも「結果」だ。結果を貪《むさぼ》る人間は、理性の目には醜く映る。しかし結果がえられれば、腹もふくれて財産も増える。人間も「動物」だから、究極的にはこちらを否定しては生きていけない。

そう、**人間も動物**なんだよ。だから資本主義という「競争」が大好きなんだ。そして競争社会では、常に「結果」が求められる。**動物の生存競争に「結果」が伴わなければ、待っているのは死だ。**だから**彼らは常に「結果」を求め、その原動力である「本能」に忠実に従う。**

我々も資本主義の「結果」を求めるなら、その原動力である「本能」を否定してはいけない。なら理性的ではダメだ。**理性は本能を殺す。**もしも動物が理性的なら、今頃地球上は、美しい死に顔の動物の死体でいっぱいだ。

「だから我々人間も、これからは〝結果重視〟で行きましょう。**これからは〝動機の美しさ〟のほうにではなく、〝結果としての豊かな社会〟のほうに美しさを感じましょう**」——

これが「結果説」だ。

こんな考え方だから、ベンサムは理性的な人々から毛嫌いされた。

そりゃそうだ。こんなの理性派が認めたくない「**人間の〝動物としての側面〟の真理**」だもんな。だから彼は、マルクスから「俗物の元祖」と呼ばれ、ケインズから「道徳的退廃をもたらした害虫」と呼ばれたのだ。

そして、彼のこの考え方は、功利主義のゴールである「最大多数の最大幸福」にもあてはまる。

確かにベンサムは、理性派のように「みんなで幸せになる社会をめざそう」みたいな言い方はしない。でも社会全体の幸福をめざしている。ということは、彼は「**たとえ各人が利己的に個々の幸せをめざしたとしても、その総計が〝結果的に〟社会全体の幸せにつながるならいいじゃないか**」と言っているのだ。

本能を重視する以上、人間が「利己的」であることを止めることはできないのだ。

道徳的にいいのか、法的にいいのか
――道徳性と適法性

しかし、「理性的な道徳」と「本能的な道徳」は、求めるものが相当ずれてるな。ここ、もうちょっと掘ってみよう。

理性派の人々は「動機の道徳性」に美しさを見出してきた(その代表がカント)。しかし、ベンサムは「結果的に幸福を感じる人が増えるというのは、道徳の原理になってるでしょ?」と説く。つまり彼のは「結果の道徳性」だ。

これでは議論がかみ合わない。**「動機の道徳性」を求める人々はこういうのを嫌う。**なぜならそこに漂うニュアンスは、「結果の道徳性」というよりも「**結果的な適法性**」だからだ。

適法性とは「私は法は犯していません」というあり方だ。

結果的な適法性を強調する人は、道徳心が薄いことが多い。なぜなら彼らはしばしば、こんな言い方をするからだ。

「俺、なんか法に触れるようなことやった？」

「俺がやったって証拠でもあんのかよ？」

「今回の判決で証明された通り、私は法は犯していません。私の潔白を信じてくださった有権者の皆さん、ありがとう」

どうだろう、こんな人や政治家がウジャウジャいる世界が、道徳的に美しい世界と言えるだろうか？

そもそも「私は〝法は〟犯してない」は、別のものを犯している人の言い草だ。つまり〝道徳は〟犯している自覚があるのだ。こんな人、チーム「美しい国ニッポン」には入れたくない。

このように**適法性は「道徳的やましさの隠れ蓑《みの》」として強調されることが多い**。

我々も、例えばネットで動画やファイルをダウンロードする際「それやっていいいの？」と問われれば、「あ、うん、確かこれは規制されてないから大丈夫のはずだよ」と答えたりする。

法や規制なんて言葉、ふだんの日常会話では使わないくせに使う。ということは、心のどこかに「道徳的なやましさ」があるからだ。だから、そこから目を背けて、外面的な「理」（＝適法性）に逃れているのだ。

今「デジタル大辞泉」で検索してみたら、道徳とは「人々が、善悪をわきまえて正しい行為をなすために、守り従わねばならない規範の総体」と書いてあった。

じゃダメだ。両者は一生平行線だ。だってそこには「客観的な善悪の基準」が定義されてないからだ。そもそも**道徳は「主観ベースのルール」のため、「客観的な善悪」など定義したくてもできない**のだ。

カントもここでは苦労した。だから、我々に対し「**あなたの道徳が、客観的な立法の原理として（つまり、みんなにあてはまるルールとして）妥当しうるように行為しなさい**」と説いた。

でも、所詮はこれも「努力目標」にすぎない。ベンサムみたいなわからず屋がきて

「俺にとっては〝快楽こそが善〟が道徳でーす。曲げませーん」と言われてしまえば、「そうですか……」と引き下がるしかないのだ。

結局**ベンサムの道徳は、多くの人が認める「美しい道徳」ではないが、「こんなの道徳じゃない！」と否定するわけにもいかないもの**なのだ。

本能でわからないなら制裁を

このように、動機の美しさよりも結果の有用性を重視したベンサムの「本能的な道徳観」は、従来の「理性的な道徳観」を好む人々には受け入れ難くても、立派に道徳として通用することはわかった。

しかし、さっきも言ったように、**人間が本能的であるならば「利己的な本性」から逃れることはできない**はずだ。なのにベンサムは、そんな人間に「最大多数の最大幸福を考えろ」と言う。

これって、本能型の武将の典型である『キングダム』の麃公《ひょうこう》将軍に「もっと部下や敵の人生に配慮しながら戦え！」と言うくらいムチャなことだ。たぶん鷹公将軍は、目をギョロギョロさせて一瞬「……」となるが、その後すぐに「ばぁ!!」と吼《ほ》えていつものように部下の命ガンガン散らしながら敵陣深く斬り込み、手当たり次第に敵の首をはねまくるだろう。何も聞いちゃいない。

このように、**本能型に理性的配慮なんか求めてもムリ**なのだ。なら一体どうすればいいのか？

答えは**「制裁」を準備する**ことだ。

猛獣に芸を仕込むとき、必要なのはムチだ。理性じゃない。いくらライオンに「むやみに人を襲わない。相手も生きてるでしょ」と説いたところで、言ってる端からスナックにされるのがオチだ。

でも、ムチで叩けば、動物はおとなしくなる。学習する。ならば人間だって同じことだ。痛みで本能にわからせればいい。

とは言っても、別に鷹公をムチで叩けとか、オウムのヘッドギア的なものをつけて電流を流せとか言っているわけではない。ドロンボー一味のお仕置きじゃあるまいし、感電して骨すけすけの鹿公なんか見たくない。
制裁はこれら4つで十分だ。

①**自然的制裁**……「最大多数の最大幸福」をめざさないと、環境や健康に有害。
(例)「タバコやめないと、ガンで死ぬかもしれないな。ならやめるか」
②**法律的制裁**……「最大多数の最大幸福」をめざさないと、法律に触れる。
(例)「こんなことやってたら逮捕される。じゃ仕方ない、やめるか」
③**道徳的制裁**……「最大多数の最大幸福」をめざさないと、非難される。
(例)「電車は降りる人が先だって、何回言えばわかるんだ!」
④**宗教的制裁**……「最大多数の最大幸福」をめざさないと、バチが当たる。
(例)「毎日駅前の掃除をなさい。でないと地獄に落ちるわよ」

つまり「4つの制裁」とは、「最大多数の最大幸福をめざさなければ、ひどい目に遭う」という〝外的な脅し要因〟のことだ。
確かにこれ、どのパターンも「わかったわかった、やればいいんだろやればば」となるな。しかも「動機説」ではなく「結果説」だ。つまり「みんなで最大多数の最大幸福をめざそうよ」ではなく、**不快な制裁から逃げ回ってたら「結果的に」最大多数の最大幸福をめざしてました、という形**だ。

人間が「本能型」ならば、いかに「みんなで幸せになりたい」という思いはあっても、根っこにある利己的な本性は克服できない。ならば克服しないまま、制裁一つで「最大多数の最大幸福」をめざさせるのは正解かもしれないな。

しかし、**ベンサムの功利主義は、一歩間違えると「多数決の暴力」にもつながってしまう**。つまり「(多数者が幸せになるためなら)少数者を犠牲にすることは正義、または妥当」という考え方だ。この問題は、ベンサム自身が望むと望まないとにかかわらず、功利主義について回る問題だ。

しかし**彼の思想は、特権階級という「少数者の暴力」がはびこる時代には必要だった。**

他にも彼の提案は、選挙法の改正、囚人を一望監視できる円形監獄、冷蔵庫、通話用チューブ、笑気ガス、幸福測定器などさまざまある。

もうおわかりだろうが、ベンサムはかなりの変わり者だった。でもこれらは、変わり者なりに社会全体を幸福にするにはどうすればいいかを考えた末での提案だった。

彼の遺体は、ミイラとなってユニバーシティ・カレッジ・ロンドン（ロンドン大学）に展示されている。「社会に役立ててほしい」という彼の遺言を尊重した結果だ。

このように、全体的にはとてつもない変人だが、「最大多数の最大幸福」をめざす軸だけはぶれなかった人、これがベンサムだ。

「ベンサムは下品だ。人間とはもっと高尚なものなのだ」by J・S・ミル

ミルの父ジェームズ・ミルは、有名な哲学者にして経済学者だ。そのうえ、ベンサムの大親友で、功利主義の熱心な信奉者だった。だから、息子ミルに対して、功利主義を中心とした英才教育を自宅で施した。

そのせいで、何と**ミルは学校に通ったことがない**。ただの一度もだ。彼の知識は学校でクラスメートと肩を並べて学んだものではなく、そのすべてを父のレクチャー

と父から指定された本から学んだ。

父は息子に、ベンサムの功利主義を中心に講義した。それ以外にもミルが3歳の頃からギリシア語を教え、プラトンやソクラテスの哲学を学ばせた。また10歳頃から経済学を教え、13歳の頃には、これまた父の親友で経済学者リカードの『経済学および課税の原理』を読ませていた。

しかも学んだ内容を「何でそうなると思う？」「どういう点に疑問を感じた？」など、自分の言葉で語らせたのだ。もしミルが十分わかってないくせに、安直に哲学用語なんか使ったら許さない。容赦なく詰問し、ミルがいかに無知で軽はずみなことをしたか、自覚と反省を促した。

うわーやめてやれよミルの父！　完全に親のエゴじゃん。確かに理解は大事だし、このやり方が効果的なのもわかる。でも、内容よりもあり方だ。こんなの正常な親子関係じゃない。歪んだ愛情、過剰な期待、本人が望まぬ教育、理不尽なスパルタ……あんたの姿は星一徹と同じだよ。あんたのせいで飛雄馬はあんな暗い目になったんだぞ。ミルだってこのまま追い込めば、いきなりバネまみれの半裸さらして叫び出すかもしれないぞ。「俺は父ちゃんの操り人形じゃない!!」

自分の息子を「哲学者や経済学者としか会話できないいびつな少年」にしてどうする？　もっと同世代の子たちと触れ合わせてやれよ。お喋りさせてやれよ。価値観を共有させてやれよ。

結局ミルは父のせいで、「**世間知らずのまま、倫理観だけは人一倍強い**」人間になった。生身の人間に触れたことがないくせに、人間の善悪にはやたらうるさいヤツ……これはけっこうなモンスターだ。

しかもこの英才教育、科目のチョイスが悪すぎる気がするぞ。**「ベンサムの功利主義」と「ソクラテスの〝善く生きる〟」は、食い合わせが悪い**でしょ。だって本能型のベンサムと理性（ロゴス）の権化ギリシア哲学だよ。この両者、どう折り合いをつける気だろう？

そこでミルが編み出したのが「**質的功利主義**」という考え方だ。

満足した豚よりも不満足な人間がいい
――質的功利主義

ベンサムが「量的功利主義」だったのに対し、ミルは「質的功利主義」だ。基本的な考え方は変わらない。どちらも「快楽の増大＝善」だし、ゴールは「最大多数の最大幸福」だ。

ところがミルは、その**快楽の「質」にこだわった**。つまり彼は、**肉体的快楽よりも精神的快楽のほうが上**であると考えたのだ。これはベンサムが「質より量」にこだわったのと対照的だ。

ミルの有名な言葉に、こういうのがある。

「**満足した豚であるよりも不満足な人間であるほうがよく、満足した愚か者であるよりも不満足なソクラテスであるほうがよい**」（『功利主義論』）

つまり彼は、豚よりも人間のほうが、愚か者よりもソクラテスのほうが「質が高い」と言っているのだ。たとえその人がどんな状況に置かれていても。

そしてその「質」にこだわり続けるかぎり、ベンサムと同列の功利主義にはならない。ベンサムの功利主義は、みんなで幸せになるという点には共感できるものの、**すべての人の快楽を等価値ととらえる思想は、ソクラテスやプラトンの倫理観を叩き込まれたミルから見れば「下品」**だった。

「そう、**人間は元来不平等**なんですよ。愚か者とソクラテスが同じなわけないでしょ。だいいちギリシアだって、人間が平等でないからこそ〝奴隷制〟があったんだ。奴隷と我々の快楽が同じなわけがない。でもベンサム先生は〝足せる〟とおっしゃる。快楽である以上ミソもクソも一緒だから、全部食えるとおっしゃる。やれやれ、私ら高貴な人間が、そんな悪食なわけないでしょ。だからあなたの功利主義は〝ブタみたいだ〟と罵《ののし》られるんだ」——これがミルのスタンスだった。

そして、この「人間の高貴さ」という考え方が、ミルから常に漂ってくる強烈な違和感の正体なのだ。

「肉体と精神、両方の快楽を経験した者なら、必ず精神的快楽を選ぶ」——

これがミルの基本的な考えだ。

なぜなら人間には「尊厳」が備わっていて、そのせいで「動物とは違った、気高く品位ある自分」に誇りを持ち、人間としてふさわしい生活をしようと思うからなのだそうだ。

ほらこれ。ミルの思想には常にこの「**人間の高貴さに対する無条件の信頼**」があって、ここにとても違和感があるのだ。

これ絶対、お父さんの教育方針の弊害だと思う。箱入り息子のまま倫理観だけ肥大化させるから、こういう「世間知らずを通り越したモンスター」が生まれてしまうのだ。

何で肉体と精神の快楽のうち、「人間は絶対後者！」なんて思える？　そんな不自然な人間、中学・高校のクラスメートに誰一人いなかったぞ。みんな「性の悩み100％」ではち切れそうなところを、部活や受験勉強やって、必死で人間らしさをつなぎとめる。それが当たり前の人間じゃないか。

『ホムンクルス』という漫画がある。その作品の主人公は、脳外科手術のせいで、左目だけで人間を見ると「その人の心の歪みが見える」人間になってしまうが、もしもこの時期の我々を彼に見てもらったら、おそらく彼の左目には、全員頭部がペニス形のホムンクルスが映るはずだ。それがそう見えないなら、ミルの心がいびつに歪んでしまってるんだよ。お父さんのせいで。


他にもミルには、人間の善意を100％信じる傾向があるが、それも一緒だ。例えばベンサムは、人間に「最大多数の最大幸福」をめざさせるには「4つの制裁」が必要だと説いたが、ミルの場合はその制裁がこんな形になる。

「人間は〝最大多数の最大幸福〟をめざさないと、**良心に反していることの苦痛**を感じる。**この苦痛が制裁機能となる**」

なぜそう言い切れる？　確かにそういう人もいるけど、そうでない連中も世の中にはいっぱいいるぞ。あなた貧民街、行ったことないでしょ？　クラスメートからイヤな目に遭わされたことないでしょ？　そういう経験していれば、人間の中には悪意が勝つヤツや良心の呵責などかけらも感じないヤツがいることに気づけるはずだ。

ミルも少しは街や学校に出て、自分のｉＰａｄを置き引きされたり、学校で自分の上履きがなくなるなどの「苦い経験」も積まなきゃならない。そうしたら、少なくとも「人間は善意１００％」なんて、口が裂けても言わなくなる。

たぶんお父さんは、そういう経験をしている。学校で勉強のできない連中からいじめられたりしている。だからミルを学校へ通わせず、自分が理想と思う教育を施したんだと思う。でも、それが結果的にミルの価値観を偏らせたんだと思う。

結局、子供を外界から遮断して「人ってすばらしいんだよ」と教えても、それだけでは教育になってないということだ。「学び」と「体験」、両方そろうことが大切なのだ。

人に迷惑をかけないかぎり何をしても自由——ミルの自由論

というわけでミルは、ベンサムとはまったく違った形で「最大多数の最大幸福」をめざすことになった。

つまり、ベンサムみたいに「快苦のスイッチで動く等質な存在である人間が〝みんな等しく平等な社会〟をめざす」のではなく、人間には質的差異があって当たり前なんだから、「**各人がそれぞれに合った快楽を追求することで、可能なかぎり多くの人が幸福になる社会**」をめざしたのだ。

そうすると、大事なのは「各人の自由」ということになる。確かに、これだけ質**的差異（＝多様な価値観）を持った人間がみんな幸福になろうとするなら、そこには最大限の自由が保証されていないといけない**。

そこで示されたミルの自由論が、とてもおもしろいものだった。それは「**他者危害の原則**」と呼ばれるものだ。

これはわかりやすく言うと、「**人に迷惑をかけないかぎり、何をしても自由**」という自由論だ。「何をしてもいい」とは、その行為が当人にとってどれほど愚かしいことであってもいいってことだ。つまり、麻薬で心身をボロボロにする自由も、危険運転で勝手に壁に激突して死ぬ自由も、このミルの自由論では全部肯定され、尊重されるべき自由ということになるのだ。

倫理感の強いミルらしくない、とても柔軟な自由論だ。ミルなら「人としての高貴さを失わないかぎり自由」かと思ったが、そう言い出さなかったところがすばらしい。そう、自由とはそうあるべきなのだ。これで多様な価値観を持つ各人が、それぞれジャマにならないように幸福を追求できる。これなら納得の「最大多数の最大幸福」だ。

このように、ベンサムとミルの思想は、内容こそ大きく違えど、どちらも当時の資本家の利潤追求にマッチさせられるものだった。これらの思想にも支えられて、この後ヨーロッパでは加速度的に資本主義が発展していく。

第7章

実存主義

まとめ

実存主義

19〜20世紀・ヨーロッパ

自分にとって真理であるような真理がほしい!!

18 〜 19 世紀・産業革命の時代

↓

個の危機!

↓

Sören Aabye Kierkegaard

レギーネ、
僕はここだよ……

キルケゴール

[1813〜1855]
デンマークの思想家。実存哲学の祖。著書『死に至る病』など。

↓

科学万能への疑問&
ニヒリズムの完成!

↓

Friedrich Wilhelm Nietzsche

それ愛じゃなくて、
ルサンチマンだろ!

ニーチェ

[1844〜1900]
ドイツの哲学者。著書『悲劇の誕生』『ツァラトゥストラはかく語りき』など。

↓

ナチス・ドイツの誕生!

サルトル

[1905～1980] フランスの哲学者・小説家・劇作家。哲学論文「存在と無」など。

自由から逃げられるとでも思ってんの？

ワタシには
時間がないんだ

ハイデガー

[1889～1976]
ドイツの哲学者。ナチス党員。著書『存在と時間』『形而上学とは何か』など。

心折れましたわ……

ヤスパース

[1883～1969]
ドイツの哲学者。ナチスによる弾圧を受ける。著書『哲学入門』など。

左翼系の運動が
弾圧される

↓

実存主義
への幻滅

実存主義とは何か？

実存とは「**現実存在**」のことだ。

つまり実存主義とは、「**現実存在としての〝人間の生き方を考える哲学〟**」ということになる。

これは、ド直球の哲学テーマだ。実際ソクラテスの「善く生きる」をはじめとして、過去多くの哲学者がこれに取り組んできた。

でも、それらと実存主義とではニュアンスが大きく違う。何が違うか？――

それは、彼らが「人間とはこう生きるべきだ」を求めたのに対し、実存主義は「**自分はこう生きるべきだ**」を求めた点だ。

「社会よりも自分」という生き方

――主体的真理

実存主義が求めたものは「**自分にとってだけの真理**」だ。

こういう真理を「**主体的真理**」と言う。

従来の哲学は「こんな人間になりましょう。こんな社会をめざしましょう」と叫んできた。確かにそれらは大切だ。人間が社会的動物である以上、みんな仲よく社会を作り、その中で生きていくしかないのだから。

でも、社会に気を遣って迎合するばかりじゃ、かけがえのない己の「個」がつぶれてしまう。そんなの自分の人生じゃない。

もしサザエさん一家になじもうと懸命に努力し、肩をすぼめてニコニコ愛想笑いするラオウがいたら、それはもうラオウじゃない。ラオウはラオウらしく「自分にとっての真理」を貫けばいいのだ。巨大な馬にまたがって、磯野家の白物家電など踏みつぶしてしまえばいいのだ。それが主体的真理、自分にとっての真理だ。

では、なぜ実存主義者たちは、19世紀のヨーロッパで急に「個」を叫び出したのか？

それは「時代の必要性」があったからだ。

後世に残る哲学は、常に時代の必要性から生まれてくる。

「人間全体の生き方」が流行った時代には、その背景に〝社会の危機〟があったし、「神の存在証明や世界の全体像の解明」が流行った時代には、人々がキリスト教という「信仰の呪縛」から解放されて〝理性の優位〟を証明する必要があった。

でも、実存主義は「個」。

ということは、**19世紀のヨーロッパは〝個の危機〟の時代だった**ということか。そう考えれば、確かにこの時代は、ヨーロッパに人間性を喪失しかねないような社会環境が生まれていた。

産業化による「個の危機」

——自己疎外

18〜19世紀にかけて、ヨーロッパは「**産業革命の時代**」だった。

ジョン・ケイの飛び杼《ひ》（織物の技術革新）に始まり、ミュール紡績機に、ワットの蒸気機関、コークス製鉄法——相次ぐ技術革新や機械の発明で、生産技術は飛躍的に進歩した。

それに伴って人々の所得水準は上がり、物質的にも豊かになって、社会の規模はどんどん拡大していった。

「ああ、何ていい時代になったんだ。ほしい物は何でも買えるし、生活も便利になった。教育水準だって上がったし、文明も洗練された。この大きな街を見ろよ。あのステキな人々を見ろよ」——

でも、何か違和感がある。

やがてその正体に気づく。「あれ、逆転してる？」

「社会を作った人間のほうが、いつの間にか〝社会の歯車〟みたいになってるぞ。社会という巨大な機構を構成する、ちっぽけな部品みたいになってるぞ。えっ!? というとは**俺ひょっとして、交換可能な部品みたいなもの？　もし俺がいなくなっても、俺の代わりはいくらでもいるってこと？**　そんなのイヤだ!!」――

人は誰しも、自分だけは特別な存在でありたいと思っている。

そう、どんなつまらない人でも、自分の中では自分はスーパーマン、絶対的な存在なのだ。

しかし、巨大化した社会はそれを許さない。「絶対的な自分」なんかに居場所を与えてはくれない。なぜなら、**社会の巨大化は、それだけ社会に占める「個」の比重を薄めてしまう**からだ。

そうすると、個はどんどん希薄になり、絶対的だったはずの自分は、無残に「相対化」されてしまう。そう、**スーパーマンだったはずの自分は、気がついたら社会に埋没させられていた**のだ。

このように、人間が本来あるべき自己の姿からどんどん遠のいてしまうことを**「自己疎外」**という。

「君、一度も休暇を取ってないんだって？」

「うん」

「君がいないと役所が困るってわけか」

「いや、僕がいなくても役所が困らないことがわかると困るんでね」

この、黒澤映画『生きる』に出てくる市役所の市民課課長の姿こそ、まさに自己疎外だ。部下たちが彼につけたあだ名は〝ミイラ〟。そう、彼は**役所という巨大な機構の中で「生きながら死んでいた」**のだ。

彼も最初は危機感を抱くが、役所の仕事は単調なくせに煩雑で、あがく暇すら作れない。だから、彼はいつしか考えるのをやめた。**このままではいかんと薄々気づいているが、それを解消する努力もしなければ、受け入れる覚悟もない。**ただ日常に摩耗して気づかないフリを続け、日々を消費していくのだ。

19世紀のヨーロッパにも、これと似たような状況があった。社会が巨大化するにつれて、個の比重はどんどん薄まる。でも、人々はそこを直視するのを避け、物質的な豊かさに逃げて「いい時代だ」と言い合った。

みんな**「自己疎外」**や**「実存の危機」**は**感じているくせに、気づかないフリ**をしていたのだ。

でも、**実存主義者たちは自分を偽らなかった。彼らは現実をまっすぐに見据えて誤魔化さず、そのうえであがいた。**まるで惑星メーテルを支えるネジにされかけた鉄郎が大暴れしたように。

そう、大事なのはあがくことだ。「俺はネジになんかならないぞ!」とジタバタすることだ。実存主義者は、それをやった人たちなのだ。

ただし、彼らが求めたのは「主体的真理」、つまり**「自分にとっての真理」**にすぎない。だから、その真理は主観まみれで、ひょっとすると皆さんから見れば「たわごと以下」に感じられるかもしれない。

でも、実存主義者が必死であがくその姿は、なぜか不思議と人を引きつける。きっと**本来人間は、彼らのように個の危機には必死で抗うべきもの**だからなんだろうな。
では、その実存主義、どんなものがあるのか見ていくことにしよう。

「他人も社会もどうでもいい。大事なのは自分だ！」 by キルケゴール

デンマーク出身の**キルケゴール**は「実存主義の祖」と呼ばれる。

この人、非常に暗くてすぐにくよくよする、実にめんどくさい性格だった。

彼がそうなってしまったのには理由がある。実はキルケゴールのお父さん、かなり悪い意味で「変な人」だったのだ。

父は、貧しい牧童だった少年時代、ずっと神を恨んでいた。その後、成人してコペンハーゲンで実業家として成功したときには「俺は神を信じなかったから成功した」とうそぶいた。さらには前妻が死んだ直後に家政婦に乱暴し、その家政婦がキルケゴールら7人兄弟の母、つまり父の現在の妻となった。以上のことから、いつしか父は勝手にこう思い込み、子供たちに言った。

「悪りい、父さんの人生、神さまに嫌われることばっかやってきちゃった。だからその罰として、お前ら7人兄弟は、全員34歳までに死にまーす。これはイエスさまが磔《はりつけ》にされた歳でーす」

「テメーざけんなよッ!!　どう考えてもここはお前が死ぬとこだろ？　それが『罰としてお前ら全員死にまーす』って、支離滅裂にもほどがあんだろ？」――もし僕の父がこんな身勝手なことを言い出したら、僕は即座に73歳の父を得意の内股で投げ飛ばし、目を回してる父の額に「悪いのはコイツです」と書いて十字架に縛りつけ、神社の境内にぶっ刺してくる。

しかもキルケゴール家では、本当に7人中5人の子供が34歳までに死んだ。マジか父、こいつ言霊《ことだま》の化け物か!?

キルケゴールは幸い生き残ったほうだったが、すっかり情緒不安定になり、沈みがちな人間になった。

そりゃそうなるわ、かわいそうに。これじゃ現実世界に夢なんか抱けない。どんなに甘美な夢を抱いたところで、どうせ自分は34歳までに死ぬ。死ねばすべては失われる。ならばそこには絶望しかない。

これがキルケゴールを有名にした「**絶望=死に至る病**」という考え方だ。

キルケゴールの悲劇は続く

しかしキルケゴールは、そういうめんどくさい性格だったからこそ、19世紀のヨーロッパを覆う「実存の危機」からも目を背けなかった。

今の時代、確かにみんな楽しげだ。機械化が進展し、文明は栄え、町にはモノがあふれている。教育水準の向上は人々の知的レベルを高め、マスメディアの普及は人々の情報共有を可能にした。今日もヨーロッパでは、美しく洗練された町並を華麗に着飾った人々が颯爽と行き交い、流行や噂話に興じている。見るかぎり人々には、何の不満もない。とても文明を謳歌していた。

でも、キルケゴールは違った。彼はそこに強い違和感を覚えていた。

「何でみんなヘラヘラしてんだよぉ……」

彼は父親のせいで、すっかり自己評価の低い人間になっていた。

「34歳までに死ぬ自分に、存在意義なんてあるんだろうか？」

そんな彼に、高度な物質文明はキツい。なぜなら社会が巨大になればなるほど、自分の価値がどんどん薄められる気がしたからだ。

「このままでは、存在価値の低い自分なんか、居場所がなくなってしまうんじゃないのか？」――彼は危機感を募らせていた。

彼は友人たちに相談した。でも友人たちは決まってこう言った。

「お前重いよ。やめよーぜそんな話。今が楽しけりゃいいじゃん。そんな悩み、町でパーッと遊べば、すぐに吹っ飛ぶさ」

彼はその軽薄な答えに怒り、苛立った。まるで人生最大の悩みを長文ＬＩＮＥで相談したら、スタンプ1個で返されたような気分だ。

「ダメだこいつら、現実から目を背けてやがる。**自分の生き方とちゃんと向き合おうとせず、気晴らしに逃げてる**。これは**マスメディア**のせい？　マスメディアの情報は万人向けの画一的なものだから、どうしても**人間の思考を水平化し、主観より**

も客観重視にしてしまう。だから、みんな〝周囲のこと〟には興味が持てても〝自分のこと〟は考えられない人間になってしまったのか？」

しかし、そんな彼にも人生のわずかな期間、心がパッと輝く時期があった。**レギーネ・オルセン**との出会いだ。

キルケゴールは24歳のとき、レギーネに出会い、一目惚れした。彼女はまだ14歳だった。彼は熱烈に彼女にアタックした。最初、彼女は変な大人からの熱烈なアプローチに困惑した。しかし彼は意に介さず、彼女につきまとった。

彼はよくも悪くも実存主義者。よく言えば「自分に忠実」、悪く言えば「人の気持ちや都合など考えない」エゴイストだった。

早い話が子供だ。子供は視野が狭く、自分のことしか見えないうえに我慢がきかない。だから、ほしい物が手に入らないと、周囲の迷惑かえりみずに駄々をこねまくる。

その点キルケゴールは「大人子供」だったから、子供と違って「こんなにグイグイこられちゃ相手は困るかも……」ぐらいの気持ちはある。でも、止められない。なぜなら大人でもないから。

しかも、彼はこういう人にありがちな「人との距離感がわからないタイプ」だったため、相手の都合やタイミング、好意の有無などに配慮せずにテリトリーを侵し、自分が気に入った人との距離をグイグイ詰めていった。

レギーネも最初は怖かったと思う。自分に置き換えて考えてみても、多感な中学生時代に、気持ち悪いコミュ障みたいな大人から好き好き言われてつきまとわれたら、頭がおかしくなりそうだ。

でキルケゴールは、相手が恐怖を感じるほどつきまとった後は、反省してもうしませんと相手に誓う。でも、すぐに我慢がきかなくなり、その日のうちにストーキングを再開してしまう。そういうタイプだ。

きっとこういう人は、彼女の家から見える公園に行って、そこにあるブランコに、彼女から見える角度で乗ったりするんだよ。たぶん「俺のキュンキュン切ない想いよ、届け!!」ってことなんだけど、残念ながら彼女にその意図が伝わるはずがない。彼女からしたら、ただのホラーだ。

彼女は慌ててカーテンを閉める。でもいくらカーテンを閉じても、彼女の耳にはブランコのキイキイいう音が一晩中聞こえてくる。「俺はここだよ……」って。

うわーっ!!　これはもう、終電過ぎにアポなしで男の家にやってきて、困り笑顔で「きちゃった……」などという女と同じ怖さだ。

「相手が好き」という恋愛感情に、「相手が好きな〝自分が好き〟」というナルシシズムが結びつくと、このような独りよがりで、はた迷惑な行動になりやすい。恋をしている自分に酔うってやつね。実存主義者は基本「自分大好き」だから、たぶんキルケゴールもかなりレギーネに迷惑をかけただろうな。

彼は自分の気持ちだけで突っ走った。幸い（??）彼は、定職にも就かずプラプラし、金持ちの父に食わせてもらっていた（父を責める資格なし）ため、時間だけはたっぷりあった。

彼は自分の好きな本をプレゼントしたり、ピアノ教室帰りの彼女を待ち伏せしたり、彼女の父親を説得したりと、あらんかぎりの情熱を注いだ。そして、その甲斐あって、ついに3年後、彼女との婚約にこぎつけた。

彼にとって幸いだったのは、その頃には彼女も彼を好きになっていたということだ。

よかったねキルケゴール。そうでなければ君みたいなサイコパスは、彼女が避ければ避けるほど犯罪係数がどんどん上がって、逮捕どころか、当局から執行対象と見なされて駆逐されていたかもしれないよ。

ひょっとすると正確には、おとなしくて世間知らずの美少女が、狂気をはらんだ大人の過剰な情熱にからめ取られただけかもしれないが、とにかくこの頃には、彼女も彼が大好きだった。キルケゴールは幸せの絶頂のはずだった。

ところが彼は、ここから思い悩み始める。

「俺は彼女が好きだ。彼女に幸せになってもらいたい。だからこれから彼女のために、彼女の幸せの障害物を取り除いていきたい。でもそれって一体何だろう。あれ、俺？そうか俺か。確かに俺だ。だって俺は、性格暗いし気難しいし、いい歳こいて父ちゃんのスネかじってるニートだもんな。最近やっとちょぼちょぼ文筆家として書き始めたけど、でもどーせ34歳までに死ぬし。これじゃ彼女を幸せにできるわけがない。よし、じゃ彼女の幸せのために、彼女と別れるぞ！――いや、ちょっと待て!!　それは悲しい。俺は彼女が好きなんだ。絶対別れたくない。でも、彼女は俺がいると幸せになれない。くそーどうしたらいいんだ……」

結局、**彼は彼女にひと言も相談しないまま、一人で勝手に煮詰まって婚約指輪を返し、彼女のもとを去ってしまった**。

彼はその後、**深い自己嫌悪**に陥った。

おかしな話だ。なぜなら彼の「婚約破棄」は、人から何と言われようと、間違いなく彼の主体的決断だったんだから。自分に忠実に自分にとっての真理を求めた結果が、レギーネとの別れだったんならば、これはこれで晴れやかな気分でいてくれないと困る。

でもやはり、正しい決断をしたはずなのに心が沈む。なぜだ？――

教えてあげようキルケゴール。それは君が、正しい選択をしてないからだ。

そもそも何でキルケゴールみたいな自分大好きのエゴイストが、「レギーネの幸せ」なんて考えたんだ？　あんたみたいな人は「自分の幸せ」だけ考えてるのがお似合いだったのに。「周囲の反対を押し切って、無職のダメニートのままレギーネと結婚する」が正解だったのに。

でも彼は、それに気づかない。そして**この問題への答えを、あろうことかヘーゲル哲学**（１８９ページ）**に求めてしまう。**

ダメだキルケゴール！　それも選択ミスだ。なぜなら**ヘーゲル哲学は、人間の内面的な悩み相談にはまったく合わない**のだから。

ヘーゲルの弁証法は「社会・歴史の発展法則」だ。人間の内面性にはなじまないから、そこには答えはないぞ。

でも、キルケゴールはヘーゲルにすがり、そして失望する。

ああキルケゴール、何で君はそうまで人生の選択ミスを繰り返すんだ？　君は「二択で確実に間違える」残念な男。受験生なら致命的だ。もし僕の生徒にキルケゴールがいたら、僕は絶対センター試験やマークシートの大学は受験させない。

彼はこの頃、ダメニートから少しずつ文筆業で知られ始めていた頃だったので、へーゲル批判を展開した。人生なんてものは、何でもかんでも「あれもこれも」総合すればハッピーになれるなんてもんじゃないぞ、と。

しかし当時は、ヘーゲル哲学大ブームの時期。そんなときに若い勘違い野郎がヘーゲル批判などかましたもんだから、キルケゴールはメチャメチャ叩かれた。特に風刺新聞『コルサール』は彼のヘーゲル批判をおもしろおかしく茶化し、彼は深く傷ついた。

その後、彼は教会に救いを求めたが、世俗化の進んだ当時の教会に、救いなど見出せなかった。もはや彼の人生、八方ふさがりだった。

自分の悩みは自分で解決しろ
——単独者

しかし、ここで彼はかえって開き直れた。

「そうか**俺の間違いは、自分の恋愛という個人的な問題の答えをヘーゲルなんていう他者に求めたこと**だったんだ。彼の哲学があまりにも俺の答えとかけ離れていたせいで、かえってそれに気づけた。**自分の問題には、自分一人で答えを出すのが筋**

だもんね。そう、俺は、これからは自分だけの決断で自分の運命を切り拓いていく。俺は〝**単独者**〟だ！」

彼は、こうしてこの後「単独者」として、自分の人生に対する答えをたった一人で探していくことになる。

理想の生き方を求めて人生の迷子に
――実存の3段階

彼はこれから「単独者」として、自分の人生を自ら切り拓いていくことになる。ここでも彼は、あっちへフラフラこっちへフラフラと、見事に期待を裏切らず人生迷子の黒帯っぷりを発揮する。これが「**実存の3段階**」だ。

実存の3段階とは、主体的な生き方を求めてさまよう人間の姿だ。

キルケゴールは単独者として「これがダメだったから次はこれ。それもダメだったから最後はこれ」という順番で理想の生き方を求めてさまよい、最後にようやく自分にとって真理であるような生き方にたどり着く。

まず、彼が選択したのは「**美的実存**」としての生き方だ。

これは「**享楽的な生き方**」。彼は、自分にとって真理であるような生き方とは「楽しい生き方」に違いないと考え、まずこの生き方を選択した。

この生き方を選んだ場合、ちゃんとした生き方はすべて排除される。つまり、**定職にも就かず、結婚もせず、子供も作らず、友情も結ばず、ただひたすら「あれもこれも」と貪欲に己の快楽のみを求めてさまよう**。

しかし、気づいた人もいると思うが、キルケゴールは生マジメな男だ。生マジメな人間が肩をガチガチにこわばらせて「楽しく生きなきゃ！」なんて力んでも、楽しく生きられるはずがない。

結局彼は、**享楽的な生き方に失敗し「絶望」**することになる。

ちなみに今「キルケゴールが生マジメ」と書いたが、彼は甘えた生き方はしているが、気質的には生マジメだ。ただ実生活で経済的に追い込まれていないため、根っこに強い甘えがあって自立できていない。要するに「生マジメ不マジメ」だ。僕は自分が似たタイプだったからよくわかる。

おそらく彼が親のスネかじりのダメニートだったのは、なるべき自分になれないまま、自分を偽って量産品みたいに社会に出荷されるのはイヤだとかウジウジ悩んでるうちに、ずるずると現状を保留してしまったんだろう。

この手の生マジメ不マジメのムカつくところは、「なるべき自分に向けて努力したか?」と問われれば全然していないくせに、いざ就活の時期になると、サラリーマンになる腹も括れてない。**夢を追う努力、腹を括る覚悟、両方ともに甘い**のだ。人間が社会で生きるには、このどちらかが必要なのに(※いつの間にか過去の自分が混在してきたが、おもしろいのでこのまま書いていく)。

しかも、こういう奴にかぎって、覚悟を決めてサラリーマンになろうとする友人に説教する。

「お前らそれでいいのかよ? 夢はあきらめんのかよ。子供の頃からサラリーマンになりたかったわけじゃないだろ? 俺は自分を曲げられない。俺は死んでもサラリーマンなんかにはならない‼」――

もっとなりたくなかったニートやフリーターになる奴に、こんなこと言われたくない。

「俺はサラリーマンにならない」は、「サラリーマンにならない覚悟と努力」をした人だけに許された台詞だ。覚悟も努力もない人間に「俺は自分を曲げられない」なんて言う資格なし。でも、生マジメ不マジメは平気でこれを口にし、自らゴミの中に落ちてゆく。う〜、書いてて殴りたくなってきた。

恥ずかしながら大学時代の僕が、まさにそれだった。僕は文章を書く仕事に就きたくて意気揚々と早稲田に入ったものの、そこにはおもしろい講義はなく、刺激的な仲間も少なかった。僕はすっかり気持ちが下がり、授業に出ずに学生寮で麻雀を打ったり友人宅で麻雀を打ったり雀荘で麻雀を打ったりした。本当なら「大学や仲間に頼らず文筆業のために努力する」が正解なのに。

おかげで僕は、麻雀に現実逃避した「自称作家志望」の大学7年生（※早稲田にはこの手の長期留年組がかなりいるが、誰ひとり大学に出てこないため、知り合いになることはない）になってしまった。物書きになるための努力をせずに、ずるずると現状を保留し続けたら、当然そうなる。

でも、サラリーマンになることは怖く、就活に飛び込む勇気はなかった。つまり、他のみんなのように腹が括れてなかったのだ。覚悟が未熟だから、自分が自分でなくなるような恐怖に耐えられなかったのだ。

そもそも、最初からサラリーマンになりたい人なんかいない。だから、多くの学生にとって就活は苦痛であり、思考停止と覚悟がないとやっていけない。

だから、みんな「①俺はサラリーマンになりたかったわけじゃない」という思いを、「②でも現実的に稼がなきゃ」で押し戻し、最後は「③みんなもなるからいいか」という平均化で慰め、あとは腹を括ってそれ以上は考えないようにしているのだ。

これができる人は、大人になるための準備ができてる人だ。地に足が着いていて、本当に偉いと思う。

しかし、僕やキルケゴールは②の意識が甘いため、③なんかイヤだと駄々をこねる。つまり、ちゃんと稼ぐ気概もない半人前のくせに、平均化された人生を送ることには覚悟が決まっておらず、そこに恐怖すら覚えるのだ。甘えてんね〜。結果キルケゴールはダメニートに、僕は留年アルバイター雀士になってしまった。

話を戻そう。

結局、美的実存としての生き方に失敗した彼だったが、その彼が次に選んだのが**「倫理的実存」**としての生き方だった。

これはさっきの真逆で**「良心的な生き方」**だ。

なるほど、享楽的な生き方が合わなかったんなら、逆にこっちが合うかもって発想か。確かに彼みたいに根が生マジメな人には、こっちのほうが合うのかもしれない。

今度は**定職に就き、結婚し、子供を作り、友情も結んで生きる**ことになる。しかもさっきはヘーゲル的に「あれもこれも」と何でも貪欲に求めたが、今度は**「あれかこれか」の主体的決断**だ。人間の生き方に必要なのはこっちだ。

しかし彼は、これでもうまく生きられない。

なぜなら彼は「生マジメ不マジメ」だからだ。「ちゃんと生きねば！」と生マジメに考えるものの、不マジメな甘ったれだから、そのための努力は実行できない。結局、**思っている通りに生きられない自分のダメさ加減に「絶望」**してしまうのだ。

ここで求められているのは、意識と行動がかみ合った「とにかくマジメ」な生活態度。しかも「あれかこれか」の主体的決断が求められる、対してキルケゴールは「二択外しの達人」……ダメだこりゃ。

「絶望」とは何か？

ここでキルケゴールの言う「絶望」について触れておく。

絶望とは、本来の自己を見失ってしまった状態だ。確かに「美的実存」と「倫理的実存」は、どちらも本来の自分のあり方を見失っている。

また、キルケゴールは、絶望のことを「死に至る病」とも呼んだ。これは父から「お前らは全員34歳までに死ぬ」と言われたことに絶望したためだ。

しかし、ここでは「本来の自己を見失う」について考えてみよう。

これはキルケゴール的には「**神との正しい関係性を見失う**」という意味だ。

そこでキルケゴールの第3の生き方が出てくる。「**宗教的実存**」としての生き方だ。

宗教的実存とは、「**神を信じ切った生き方**」だ。

神は「絶対的な完全者」だ。この世にムダなものなんか作るはずがない。ならば**神を信じ切ることができれば、その神が自分を必要なものとして作ってくれたことにも確信が持てる**。

だから、彼は、どんなに理不尽なことを言う神であっても、その神をひたすら信じ切り、それを通して自分の存在意義に確信を持てるようになったのだ。

というわけで、キルケゴールが選んだ生き方は、「**神を信じ切り、単独者としてただ一人神の前に立つ」という生き方**でした。

Column

レギーネとのその後の関係

キルケゴールは、すでに人妻になったレギーネに何度も手紙を出し、「おい、一緒に単独者として宗教的実存めざそーぜ」と誘っている。

何じゃそりゃ⁉「一緒に単独者」っておかしいだろ？「ただ一人神の前に立って」ないぞ。しかもお前が捨てたせいで別の人と結婚したレギーネに、今さら接近して巻き込むなよ。お前は吹っ切れてすっきりしたかもしれないけど、レギーネはずっとモヤモヤしたまま生きていくんだぞ。

レギーネは当然、手紙を未開封で送り返している。いいよいいよレギーネ、君は人として正しいことをした。なんなら「やだよバーカ、34歳で死んでろ‼」ぐらい書いてもよかった。こんな狂人に誠心誠意つき合っていると、かわいい君まで狂気に蝕まれてしまう。汗だくで神に熱狂するキルケゴールのすぐ脇で「神最高！」なんて叫んでる君の姿なんか見たくない。

キルケゴール、突き返された手紙にカミソリの刃とか仕込まれてなかっただけ感謝しろよ。ほんとこの人、支離滅裂で自分勝手でおもしろいわー。言ってることとやってることが違いすぎ。

「この世に価値を求めるな。自分で価値を作り出せ」by ニーチェ

最初に扱ったキルケゴールは、少々極端ながらも、自分が生きるためだけの〝主体的真理〟の探究者だった。

でも、ニーチェの実存主義はちょっと違って、「**この人生を肯定するには、自分はどんな存在になるべきか**」というものだ。

この人生を肯定する？

おかしな表現だ。まるで**「否定されて当然」なくらい価値のない人生**を歩んでいるかのような言いぐさだ。

そう、ニーチェはまさにそう言っているのだ。実はニーチェは、彼が生きる19世紀

のドイツのみならず当時のヨーロッパ全体で「あるもの」が完成しつつあることに、強い危機感を抱いていたのだ。

それは「**ニヒリズム**（**虚無主義**）」だ。

ニヒリズムとは、**一切の価値否定につながる立場**のことだ。実はヨーロッパには、ずいぶん前からこのニヒリズムの芽が広がり始め、この時代でついにそれが完成を迎えつつあったのだ。

では、その「ニヒリズムの芽」とは一体何だろう。

ニーチェはこれを「**キリスト教**」ととらえた。

ニヒリズムはキリスト教が広めた

——奴隷道徳

ニーチェによると、「**キリスト教こそがヨーロッパにニヒリズムを蔓延させた張本人**」だ。なぜか？——

それは、キリスト教を作ったのがユダヤ人だからだ。

ユダヤ人は過去、ありえないほどのイジメを受けてきた。

もともと遊牧民であった彼らは、まずカナン（現在のイスラエル）に定住し、その後エジプトに移住したが、そこでまずファラオ（エジプト王）から奴隷にされた。その後ファラオから新生児たちを殺されかけて命からがらエジプトを脱出し、再びカナンに帰った。しかし、またエジプトに支配され、新バビロニアに支配され、やっと終わったと思ったら今度はローマ帝国に支配され、最後には国を失ってしまった。

ちょっと待て、かわいそうすぎるだろ!? 『東京喰種《トーキョーグール》』のカネキ君よりひどい。カネキ君も医者の実験台にされて人肉食いにされたり拷問されたり白髪になったり記憶なくしたり敵になったり味方になったりと散々な目に遭ってきたが、ユダヤ人はいろんな国から何百年も民族全体がタコ殴りにされ、最後は国までなくしてるもんな。もっと優しくしてやれよ。

そんな彼らを慰める宗教がユダヤ教であり、そのユダヤ教から派生したのがキリスト教だ。だから、**キリスト教には全体的に「弱者美化」の傾向**が見られる。

ニーチェは、これを「**奴隷道徳**」と呼んだ。

では、どういう所に奴隷道徳としての側面が見られるかというと、例えば『新約聖書』の「マタイ福音書」に出てくる、こういう所だ。

「**心の貧しい人たちは幸い**である。天国は彼らのものである」

これはおかしい。なぜなら普通の価値観ならば、心だろうが金銭だろうが、貧しい者は不幸だからだ。なのに「貧しい者は幸い」。ここには明らかに奇妙な「**価値観の転倒**」が見られる。

なぜ、こんな価値観の転倒が起こったのか？――

それは、長期のイジメですっかり自己評価の低くなった**ユダヤ人が、自分たちの中に価値を見出せない**からというのが一つある。

つまり、どうあがいても「我々は無価値」という結論しか導けない彼らが、それを認めたくないがゆえに行った「ない価値の捏造《ねつぞう》」だ。もしそうだとするならば、この時点でもうニヒリズムの芽は生まれている。

そして、もう一つが（これが非常にやっかいなのだが）、彼らの価値基準の根底に「**怨恨《えんこん》（ルサンチマン）**」があるからだ。

キリスト教の価値観はルサンチマンだらけ

ルサンチマンは「怨恨（恨み）」を意味するフランス語だ。

他にも訳し方としては「**妬《ねた》み・嫉《そね》み・反感・憎悪・非難**」など、相手に対するどろどろしたネガティブな感情を表す言葉として使われる。

普通の価値の表し方では、どうやっても「貧しい者は幸い」にはできない。でも、ルサンチマンを使えば見事に表せる。

つまり、彼らは「**強いローマ人は、ユダヤ人をいじめるから悪。だから、彼らと正反対の弱いユダヤ人は善**」と考えるのだ。

すごい！　こんなねじくれた思考回路で彼らは価値を表すのか。これは確かにルサンチマンだし、弱者美化だ。しかも、これなら「貧しい」という明らかに真逆のものを「幸い」であると言い切れる。

そう考えると、**キリスト教の価値観はルサンチマンだらけ**だな。彼らが「清貧」を好むのも、豊かな連中から虐《しいた》げられてきたルサンチマンからくるものだし、「道徳的な善さ」にこだわるのだって、世俗的な楽しさを享受する連中へのルサンチマンだ。「右の頬を打たれれば左の頬も出せ」は「暴力を振るいまくるお前らは極悪人。だからあえて殴られにいく俺らは超善人」だし、「敵を愛し、迫害する者のために祈れ」は「人を敵視し迫害するお前ら最低。俺らは違うんだよ」てとこか。

うわー何てこった！　今まで全部、善意だと思ってたよ。でも、ルサンチマンを通してみると、どれも見事に歪んでいる。どの善意にもざらりとしたネガティブさを感じる。**これは素直な善意じゃない。ねじ曲がった「敵意」だ。**

こんなネガティブ思考とも知らず何百年も洗脳されてきたせいで、ヨーロッパはニヒリズムにひたひたと侵されていくのだ。

現実世界の価値を否定するもの

ヨーロッパはその後、**キリスト教の発展とともにニヒリズムをどんどん深化**させていった。

例えば、**パウロの「原罪（＝生まれながらの罪）説」**。

これは人類のいちばん最初の祖先であるアダムとイヴが、神に背いて禁断の木の実を食べ、楽園から追放され、そのせいで人類には、罪の遺伝子がインプットされましたという話だが、この考えは人々の**ニヒリズムを「内向」**させてしまった。

つまり、**今までは「ローマ人は悪い」だったものが、「私も悪い」になっちゃった**のだ。

これはマズい。これを認めると、これまでユダヤ人が正面切っては受け入れられなかった「自己の価値否定」が、ついに堂々たる教義として受け入れられたことになる。

これは確かにニヒリズムが深まる。

さらには**カルヴァン主義**。

宗教改革の結果生まれてきたこの怪物は、もう**ニヒリズムの塊**だった。その「神への奉仕としての職業」というストイックな姿勢は世俗的な楽しさの価値を否定し、「予定説」は救いの価値と生の価値を否定した。

予定説は宗教改革（１４２ページ）でも見たが、「人類の救済は、〝最後の審判〟で誰が救われ、誰が救われないかまで、神により予め定められている」という考え方だ。つまり「助かる・助からない」に至るまで、事前に神さまが全部決めちゃっているということだ。

もし「自分は絶対救われたい！」と思ってる人が、生きてる間にポイントを稼ごうと思って信仰を深めたり善行を積んだりしてもムダ。この予定は変えられない。しかも誰が救われることになっているかは、誰にもわからない。神さまの予定帳を見ることもできないからだ。

これでは我々は、救いに希望を見出すこともできない。

でもカルヴァンは、それでもなおかつ「勤勉に働け！」と叫ぶ。なぜなら勤勉に働くことで、実際どうかはわからなくても「これだけ頑張ったんだから、俺はきっと救われる側に違いない」との確信だけは深めることができるから——これが予定説だ。

この考えには、問題点が2つある。

一つは**「救いの価値を否定」**していること。いくら確信が深まるとは言っても、身も蓋もない言い方をすれば、それは単なる気休め。実際に救われるかどうかは、何をやってもわからない。これでは本当に救いに価値を見出すことなどできない。

そしてもう一つは、**「最後の審判」に希望を見出している**点だ。最後の審判で救われるということは「死んだ後、天国に行ける」ということ。つまりこの考えは、**死後の世界を美化**しているということになる。

死後の世界の美化は、現世に価値を見出せない時代の常套《じょうとう》手段だ。日本でも平安時代に**「浄土信仰**（阿弥陀さまに極楽浄土に連れて行ってもらおう）」が流行ったが、あの頃日本では**「末法思想」**が大流行していた。

末法思想とは、「釈迦の死後年数が経ちすぎ、世の中から仏の加護が失われ、次第に社会が混乱する」とした一種の終末思想だ。これが1052年から始まって、なんと1万年間も続くという。

こんなことを言われたのでは、現世に希望など見出せない。だから、人々は「来世」を夢見た。その結果の極楽浄土だ。

言い換えれば、**死後の世界の美化とは「現世の価値の否定」**だ。ということは、もともとキリスト教が内包していた**「天国」というニヒリズムが、カルヴァンの予定説でさらに強調された**ということになる。

さらにキリスト教以外にも、近代以降ヨーロッパのニヒリズムを育んだといえるものがある。「**科学**」だ。

両者には、似通った所がある。**キリスト教が「神への信仰」で、科学は「真理への信仰」。どちらも「一神教的性格」を持つ**のだ。

これは危険だ。なぜなら「信じられるものは一つ」のものは、その一つの価値が崩れたら、信じられるものがなくなるからだ。どうやらこちらからも、ニヒリズムがプンプン臭ってきた。

まず、近代科学の大きなテーマは「世界の全体像」の探究だったが、さっそくこのテーマからもニヒリズムが臭ってきた。なぜなら**「本当の世界を知りたい」という欲求は、その裏に「今の世界への不満」を隠しているから**だ。

もし今の世界に満足しているならば、人は「現実世界最高！　このままがいい」と思うはずだ。しかし、科学は「本当の世界」を求めた。ということは、**科学は現世に満足していない**。これは「**現実世界の価値の否定**」だ。

しかも、科学がキリスト教同様の一神教なら、本当の世界が見つからなかったとき、一気に「科学の価値の否定」にもつながる。

このようにキリスト教と近代科学は、ヨーロッパに根づいたニヒリズムを着々と育てていったのだ。

神は死んだ

そして**19世紀、ついにニヒリズムは完成**する。ここまでニヒリズムを育んできた2つの一神教の価値が崩れたのだ。

科学はこれまで「世界の全体像」を求め、人々は科学の勝利を信じてきた。しかし、19世紀になっても、世界の全体像はまだ摑めていない。

「いくら何でも遅すぎる！」――人々は失望し、「科学万能」の信仰に疑問を抱き始めた。これは「科学」という一神教の価値を、信者たちが否定し始めたことを意味していた。

そして、キリスト教。この頃のキリスト教は、もうすっかり往時の輝きを失っていた。純粋な信仰もなく、政治的道具にすらならない。

「ヨーロッパにニヒリズムを広め、せっせと育ててきたキリスト教が、ついに自らの価値を否定するのか⁉」

ニーチェの目には、科学への失望よりも、特にこちらが象徴的に映った。キリスト教自らが、自らの価値を否定する。これこそがニヒリズムの完成だ。ニーチェは19世紀のヨーロッパで起こった、この〝キリスト教の自殺〟とも言うべき事態を、暗示的にこう表現した――**「神は死んだ」**

時間はグルグル回り始めた
――永遠回帰

これまで、キリスト教の時間軸は「天地創造（起点）→最後の審判（終点）」に向かう「直線」で進んでいた。しかし**神の死は、その時間軸から起点と終点を消してしまった。**創造主にして審判者である神がいなくなったからだ。

「しかし、起点と終点がなくなったのに、今も歴史は存在し、時間は流れている。ということは〝**輪っか**〟だ。その歴史は直線から、頭とお尻がくっついた輪っかになったのだ。そして**輪っかになっても時間は流れ続けているということは、その時間は**

未来に向かっていない。グルグル回り始めたんだ！」

そう、ニーチェによると**キリスト教の歴史は、この「神の死」を境に、「直線」から「円環運動」に変わってしまった**のだ。あろうことかニヒリズムを完成させて。

これからは、神の死で完成したばかりのこのニヒリズムに満ちた人生が、何度も何度も永遠に繰り返されることになる。これが「**永遠回帰**」だ。

19世紀のヨーロッパでは、神の死によりとうとうこれが完成してしまった。

ニヒリズムが完成した世界での生き方
——超人

ニヒリズムが完成した世界では「永遠回帰」が始まる。つまり、神の死で輪っかになった歴史が、「未来に進む」のではなく、無限ループに陥って、無価値な人生が何度も何度も永遠に反復されることになるのだ。

そこでは**「何のために生きるか？」という問いかけは意味をなさない。**

もはや、人生を賭するほど価値のあるものは、どこにもないのだから。それよりも、**これからは「その中をどう生きるか？」が大事**になる。つまり、最初にも書いた「この人生を肯定するには、自分はどんな人間になるべきか？」だ。

ニーチェが提示した生き方は「**超人**」としての生き方だ。

超人とは、神なき時代に神に代わりうる力強い人間の理想像だ。キリスト教がニヒリズムを生むきっかけとなった「ルサンチマン」というネガティブとは無縁のポジティブな、**自己肯定的な人間**だ。

超人とは、ニヒリズムが蔓延する無価値な時代の中であっても、そこに新たな価値を生み出せる**「力への意志」の体現者**だ。

超人とは、無価値な人生が永遠に反復される永遠回帰をも、喜びをもって受け入れられるような**「運命愛」の持ち主**なのだ。

たとえヨーロッパ中の人々があきらめそうになっても、超人さえ現れれば、人々はその超人に憧れ、そこに近づこうと努力する。彼は**希望**だ。ニヒリズムという闇に差し込む一筋の光だ。**価値なき時代にも、価値の高い人間はありうるのだと示すことが、人々の支えとなる**のだ。

キリスト教や民主主義に、この考え方はない。価値の高い者への妬みや「みんな平等」を求める思想は、高みをめざす人間の存在を許さない。

しかし、今はニヒリズムの完成した時代。ならば、**従来の道徳や価値観などを否定すればいい**。そして、**超人が従来にない新たな価値を作り出せばいい**。超人はそれができるからこそ、ニヒリズムの時代を楽しめる。超人はそれができるからこそ、常にポジティブで力強い。

ニーチェの代表作『**ツァラトゥストラはかく語りき**』のツァラトゥストラは、ドイツ語で表現された「ゾロアスター」だ。これは「キリスト教の次にくるのはゾロアスター教の時代だ」という意味ではなく、キリスト教の神が死んだことと、その神に代わりうる者が出現したことを暗示するものだ。

本作には、口からヘビをぶら下げて苦しんでいる牧人が出てくる。ツァラトゥストラは「その首を嚙み切れ！」と叫ぶ。牧人はその重く垂れ下がったヘビの首を嚙み切り、高らかに笑う。

このヘビはニヒリズムだ。そして牧人は、そのニヒリズムを克服し、今まさにただの人から超人に生まれ変わった者の姿だ。

「よーし我らも超人をめざさねば！」

これがニヒリズムの完成した時代の生き方だ。

「越えられない壁ってあるんだよな……」

by ヤスパース

ヤスパースは、20世紀ドイツの実存主義者だ。

彼は戦時中ナチスへの協力を拒み、終戦まで大学を追放されたが、彼の実存主義は、その挫折の体験がベースとなっている。

ヤスパースといえば「**限界状況**」。

限界状況とは「**死・苦（苦悩）・争（闘争）・責（罪責《ざいせき》）**」など、我々の人生に立ちはだかる〝**越えられない壁**〟のことだ。

ヤスパースの遭遇した限界状況は、ナチスによる弾圧だった。確かにこれは越えられない。理不尽で有無を言わさぬ暴力だもんな。しかもこれ、努力や技術の進歩でカバーできるものではない。

こういう壁にぶち当たると、我々は100％挫折し絶望する。そして、ヤスパースはその壁の背後に〝**包括者**〟の存在を感じていたのだ。

我々に人間の有限性を伝える者
——包括者

包括者とは「世界の全体を包括する者」のことだ。

簡単に言えば「神」。ヤスパース自身も包括者のことを「超越者」とか「神」と呼んでいいよと言っている。

でも、正しくは「包括者」。なぜならそれは、世界の全体を包括する者だからだ。

ただし、ここで言う〝世界の全体〟とは、科学を超えた部分も含む「全体」、つまりカント風に言うと「物自体」（＝世界の全体像）のことだ（１８４ページ）。

今、僕らの前に見えている世界がある。さらにそのまわりには、海の中や地面の下、宇宙空間など、目に見えない世界が広がっている。これらはすべて科学的探究、つまり我々の感覚でその存在を確認できる世界だ。


ところがカントは、本当の世界はもっと広いと考えた。つまり、その外側にも神の世界や霊魂の世界、宇宙の果て、過去や未来などの「超経験的世界」が大きく広がっているはずだと考えたのだ。

カントの言う「物自体」とは、ここまで含めた「世界の全体像」のことだ。

つまり、**本当の世界は、我々の感覚世界より幅広い領域まで包括している。その幅広い世界の主宰者が「包括者」**というわけだ。

さて、その包括者、残念ながらその正体はわからない。人間の有限な脳みそには「無限を支配する神」はでかすぎて、処理しきれないのだ。

しかし、ヤスパースは、限界状況の背後にこの神の姿を「感じている」。感じるってことは、まったく人を寄せつけないわけでもなさそうだ。

ということは、この神さま、どうやらシシ神さまみたいにおっかない神さまではないのかもしれない。シシ神さま、超怖いもんな。半笑いの赤ら顔で一見優しそうなのに、油断してると乙事主《おっことぬし》の命吸っちゃうし、歩いた後に雑草バンバン生やすし、首飛ばされたら巨大化して暴れ回るし……もうキルケゴール以上に理解不能で危険だ。じゃ、やっぱり包括者はシシ神さまではなく、悟空にモリモリ飯を食われてボヤく界王さまみたいなフレンドリーで気さくな感じか。

ヤスパースは、我々が限界状況で挫折するたびに、その背後にその界王さまを感じられるのは、界王さまが我々に何かを伝えたがっているためだと考えた。

彼はそれを「**暗号**」と呼んだ。

しかし、挫折のたびに界王さまが立って、触角ピョコピョコさせながら何か物言いたげにしているとするなら、そこで伝えたい「暗号」は想像がつくな。つまり「**お前ら人間は有限な存在**なんだよ」ってことだ。

限界状況に跳ね返された挫折体験、無限なる包括者との遭遇、確かにそのどちらからも、ひしひしと自分の有限性を痛感させられるなー。

でヤスパースは、人間はその有限性を自覚しながら、他者との「**実存的交わり**（＝人格的な連帯）」を持ち、その中で真の自己を探るべきだと説いている。

人類に共通する意識――実存的交わり

今、唐突に「実存的交わり」というワードが出てきたが、何でヤスパースは、我々にこれを持つことを求めたのか？――

それは、人間の根源的欲求の一つに、この「実存的交わり」があるからだ。

実は、「感覚世界を超えた世界の全体像はある」という予感は、カントやヤスパースだけでなく、世界中に共通してあった。だから、人類は歴史の中で、さまざまな民族が包括者の正体を探ろうとしてきたのだ。それは、国によってはアートマンと呼ばれ、イデアと呼ばれ、道と呼ばれ、神と呼ばれ、世界精神と呼ばれ……。

そして人類は、その意識をみんなで共有したいからこそ「実存的交わり」への欲求がある。これがヤスパースの考えだ。

限界状況は、この科学万能の時代の中で包括者の存在を忘れかけている現代人に、それを思い出させる契機になっている。これはとても大事なことだ。

なぜならカントが言うように、科学的な認識が「感性・悟性の共働」の後に成立する以上、まず感性でとらえられない超経験的世界まで含めた「世界の全体像」は、科学の力では解明できないのだから。

ヤスパースの考えでは、世界は科学的認識の世界を超え、そのすべてを覆う「包括者」によって作られている。だから、すべてに科学のモノサシをあてても測れないものもある。包括者の「暗号」は、それを我々に教えてくれているのだ。

「死ぬのは怖い！　でも目を背けるな」 by ハイデガー

ハイデガーは、20世紀ドイツの哲学者だ。戦時中はナチス党員になり、ヤスパースとは反対でナチスに協力したという負の過去を持つが、その哲学はすばらしく重厚だ。

彼は、従来、宗教でしか扱っていなかった「**人間の死**」というテーマに哲学で真正面から取り組んだ。その内容は、とても心に響く。

「自分は何のために存在しているんだろう？」――人間は、それを問える唯一の存在だ。こういう人間のあり方を「**現存在**」と言う。

しかし、我々はそれをせず、日々を無為に過ごしている。

なぜ有意義に過ごさないのか？――

それは、そのためには**まず「自らの死」を意識しなければならない**からだ。

自分の死を意識すれば、我々はそれが「かけがえのない自分の人生の終わり」であることに気づき、慌てて自分がこの世に存在する意味を考え、その結果「もっと日々を有意義に過ごさないといけない」と考えるようになる。

しかし、これはハードルが高い。なぜなら**死を（しかも自分の死を）意識するのはメチャメチャ怖い**からだ。

死に勝る暴力はない。死は我々からすべてを奪い、積み上げてきたすべての成果を無にする。しかも、そこまで理不尽なのに「俺が死んだときは……」と経験談を語る人はおらず、死後どうなるのかは誰も知らない。

でも、死は誰も差別せず、すべての人を確実に平等に殺す。全人類をもれなく襲う「人生最大の悲劇」なのに、その正体は誰も知らない。こんな怖いことはない。

タヒ、だよね？
死です…
タヒ
Martin Heidegger
※死につつまれているイメージです

だから我々は、日々その現実を見ないようにしながら生きている。すべての人が、

まるで真ん中にある**「シリアスな真実（自分の死）」**から目を背けるかのように、み**んな他者と同じように、人との関わりやモノとの関わりに気を散らす。**誰も迫りくる現実を直視しようとはしないのだ。

その結果、**人は平均化し、せっかく自分の存在の意味を考えられる「現存在」であるにもかかわらず、誰もそれをしようとしなくなる。**

そういう我々のあり方を、ハイデガーは「**世人（ダス・マン）**」と呼んだ。

理性で運命は変えられない

――「世界－内－存在」としての人間

人はいずれ絶対死ぬ――この運命さえ変えられたら、どんなに心が安らぐことか。でもできない。なぜなら「現存在」である我々は、「**世界－内－存在**」として生きるしかないからだ。運命なんか変えられるわけがない。

「世界－内－存在」とは、**自分が今いるこの世界、つまり環境や運命といった今現**

在の状況の中に放り込まれ、その状況に縛りつけられて、逆らうことができない「人間のあり方」のことだ。

人間が「世界－内－存在」であるかぎり、自分を取り巻く状況からは逃れられない。

つまり、自分を取り巻く世界は変えられないのだ。


近代以降、人間は「理性で世界を改変する」なんて偉そうなことを言い始めたが、それはあくまで「客観世界」の話。**「自分を取り巻く世界の改変」は、理性の力でどうこうできるもんじゃない。**

もし本当に理性の力で世界を改変できるなら、バキを範馬勇次郎の息子である運命から解放してくれ。綿谷新《わたやあらた》を千早のそばにいさせてくれ。鳥谷《とりたに》をホームラン王にしてくれ。ベンキマンを超人オリンピックで優勝させてくれ。

それが無理なら、「自分の世界の改変」ができたとは言えない。自分の意志とは無関係に「世界－内－存在」になった運命に、誰も逆らえていないのだから。


理性的な科学の世界は、例えばパソコンやスマホを作って世界の表面を便利にする、といったことはできる。しかし、僕が「1968年」の「愛媛県」で「男」として生まれたというような「世界‐内‐存在としての基本情報」を改変する力は持たない。

そう、**理性は、客観世界を多少「引っ掻く」力にはなっても、自分が放り込まれた「自分だけのステージ」に初期設定されている強固なストーリーを書き換えるような力にはならない**のだ。

そして、そこに放り込まれた以上、我々はそのステージに半ば強制的に準備されたシナリオに乗っかって「世界‐内‐存在」を演じるしかないのだ。つまり、『ワンピース』というステージに生まれたルフィは、ゾロやナミやサンジやウソップと仲間になって海賊王をめざすしかないのだ。

結局、我々は誰一人例外なく全員が運命のいたずらで、自分が今いる世界の中に取り込まれ、理由も必然性もなく、ただただ偶然「今の自分」にされてしまい、その運命に翻弄《ほんろう》されるしかない「世界‐内‐存在」なのだ。

そして、その**「世界‐内‐存在」を待ち受けているゴールは「死」**。どの強制シナリオも、結末だけは全員もれなくデッドエンド。ということは、やはり我々は「死」という運命からは逃れられないということになる。

人生をより充実させる方法——死への存在

では、世人である我々が「死」という運命から逃れられないなら、そんな我々が充実した「生」を過ごすには何が必要か？

それは、**自分が「死への存在」であることを常に強く意識しながら生きる**ことだ。それができて初めて我々は、本来あるべき自分の姿を取り戻し、「生」をより充実させることができる。

「自分の死」を意識したとき、人は不安になると同時に、初めて自分の「存在」の意味を考え、「生」を強烈に実感し、「死」の持つ不条理さ・無意味さに恐怖する。

これは他人の死ではダメだ。他人の死は我々に悲しみと動揺と喪失感をもたらすが、我々はそれを「自分の死」と結びつけたりしない。怖いからだ。だから、つい根拠なく「自分はまだ死なない」という漠然とした確信に逃げてしまう。

でも、そんな我々が**ある瞬間「自分の死」を意識する。たいがいそれは、自分が死にかけたときだ。**自分が車にはねられたとき、健康診断で再検査を求められたとき、麻酔が体に合わず血圧が急激に下がったとき、原稿に追われ二晩徹夜したとき……こういうことがあったとき、我々は「あれ？　俺死ぬのかな……」と考える。

そしてその瞬間、我々の胸には**「俺の人生って何？」という思いと「俺生きてる」という実感と「死ぬのはイヤだ……」という焦燥感と「もっと生きたい!!」という欲求が一気に吹き出してくる。**

つまりこの瞬間、**今まで希薄で漠然としていた自分の「生」が、初めてリアルなものになる**のだ。

黒澤映画『生きる』の役所の市民課課長が、まさにそうだった。

あの「生きながら死んでいた」課長は、ある日「自分が胃癌を患い、もうすぐ死ぬ」ことを知ってしまう。自暴自棄になったものの、その後自分の人生の意味を考え、自分が今までやってきた「お役所仕事」に猛烈に反発する。そこから課長は精力的に動き、渋る上司や脅迫するヤクザ者を粘り強く説得し、ついに市民の要望であった公園を完成させる。そして、そこのブランコに揺られながら静かに息を引き取った。そのときにぽつりぽつりと口ずさむ「命短し　恋せよ乙女……」の歌と、説得の際のセリフ「私には時間がないんだ！」の迫力がとてつもなく印象的な映画だ。

これこそが本来的自己の回復だ。**「死」を恐れるあまり、それと表裏一体にある「生の意味」から目を背け続けてきた世人たちが、初めて本来あるべき自分を取り戻した瞬間**だ。

死への不安を直視するのは怖い。でも、本来あるべき自分を見失うのは、もっと怖い。哲学者ハイデガーは、それを我々に教えてくれている。

「自由は君らが思ってるほどいいもんじゃないぞ」by サルトル

サルトルは20世紀を代表する哲学者の一人だ。

サルトルも実存主義者として、人間のあり方を語った。

特に彼がこだわったのは、人間の「**自由**」。ただしその自由は、決して我々が思うような開放的で前向きで明るいものではない。**もっと「重苦しい自由」**だ。

「我々は重苦しい自由の中で、その自由に伴う責任を果たしながら生きていかなければならない」とサルトルは考えた。それでは、その自由がどんなものか見てみよう。

実存が本質に先立つ――

サルトルは、神の存在を信じない。**無神論者**だ。そして、無神論者だからこそ、彼の人間観はこうなる。

神は万物の創造者だ。だから、もしも神がいるとするならば、神は人間を作る際、最初に「人間はこういうものにしよう」という設計図を頭の中に描くはずだ。この設計図こそが「人間の本質」だ。そして神は、その設計図に基づいて〝現実存在〟としての人間を作る。

つまり有神論者から見れば、人間はまず本質が先に生まれ、現実存在はその後から生まれる。これは「本質が実存に先立つ」だ。

でも、サルトルにとって神はいない。ならば人間の設計図などどこにもなく、**ま**

ず実存し、その後自らの本質を自らの手で作らないとならない。これがサルトルの人間観「実存は本質に先立つ」だ。

サルトルは「実存主義者のいう人間が定義不可能なのは、**人間が最初は何ものでもない**からだ」と語っている。

「そう、人間は生まれた後で初めて人間になるのだ。そして、その人間は〝神によって作られた〟ものではなく、自らの本質を自らの手で、自らの人生の中で作っていくのだ」

なるほど。だから「人間は自由だ」というわけか。人間はその本質を誰からも規定されない。完全に自由な存在か。すばらしいじゃないか――

ところがこれが、全然すばらしくない。サルトルの自由は、どこまで行っても我々に重くのしかかり、決して我々を離してくれず、逃げ出そうにも逃げ場所さえ与えてくれない「**自由の刑**」なのだ。

神がいない世はすべてが自己責任

本質を規定する神がいない以上、我々は完全に自由な存在だ。

そこまではわかった。では、なぜその自由が重荷になるのか？

それは**自由な存在である以上、その行動の「責任」は、すべて自分に降りかかってくる**からだ。

例えば、コナン君のお手柄で捕まった殺人犯がいたとする。そいつが目暮《めぐれ》警部に連行されるとき、こんなことを言ったとしよう。

「人間って罪深い存在ですよね。だから僕も人を殺しちゃいましたよ、ハハ……」

そのとき毛利小五郎なら、間髪入れずこう言うだろう。「べーロイ、そりゃ人間が罪深いんじゃなくて、てめーが罪深いだけだろーが！　てめーの悪行を何でもかんでも人間さまのせいにしてんじゃねーよ、バーカ」

この男、逮捕捜査能力は低いくせに、こういう死者にムチ打つような局面では、恐ろしく力を発揮する。見事に本質を突いた発言だ。

つまり、**人間は自由であるがゆえに、「人間はこういうものだから……」的な言い訳は一切できない**のだ。神がいないことで、**すべての言動は自己責任**になる。

サルトルはこれを**「自由と責任」**と呼んだ。

自由という名の終身刑

そう考えると、自由はどうやら手放しで喜べるような無邪気なものじゃなさそうだな。

要は「完全自己責任」の世界ってことだ。「自由な決断」は「完全に自分一人での決断」ということだし、「誰のせいにもできない決断」ということでもある……なんかメチャメチャ孤独で不安だな。

こうなると、人は自由をだんだん重荷に感じ、「こんな自由なら不自由のほうがマシだ」とすら思うようになる。でも、できない。自由である運命からは逃れられない。

なぜなら神さまがいないから。そして神がいない以上、我々は永遠に**「自由という名の終身刑」**に処せられた**囚人**なのだ。

「自由である運命」「自由の刑」何だよそりゃ!?――サルトルの自由はどんどん我々を追い込み、逃げ道を塞いでゆく。

この自由があまりにも重いため、人はしばしば自分を偽る。忙しさや運命に翻弄されて**「自分には選択の自由がない」と自分を騙《だま》す**。でも、サルトルはそういう「自由からの逃れ方」も許さない。**そういう欺瞞を「不実の罪」と呼んで糾弾《きゅうだん》する。**

確かにいくら忙しくても、その仕事を「責任を持ってやり通す」or「無責任に放り出す」かは自分で選択できる自由だし、「医者の息子だからお前も医者になれ！」という不自由は、「イヤだ俺は歌手になる!!」と言って家を飛び出してしまえば、誰にも止めようがない。

結局、人間はどこまでいっても自由なのだ。

現状に満足せず社会を変革する
――アンガージュマン

我々が自由であることと、それに伴う責任から逃れられない以上、その「自由と責任」をまっとうする生き方をするしかない。

サルトルは、それを「**社会参加**」の中に求めた。

フランス語の**アンガージュマン**は英語でいうと「エンゲージメント」、つまり「拘束」だ。

つまり、ここでのアンガージュマンは、自由な選択として、自分の立ち位置を社会の中に**自己拘束**するという意味だ。例えば、職業選択のように。

サルトルによると、そもそも人間は「**対自存在**」だ。

対自存在とは、「**自分の存在の意味を問える存在**」という意味だ。対して、単なる

「もの」は自分の存在の意味なんか問えない。こちらは「即自存在」という。

対自存在である人間は、自分の存在の意味を問い、そのうえで「**自分があるところのものであらず、あらぬところのものである（＝自分は本来あるべき姿ではなく、あるべきでない姿になっている）**」と結論づける。

つまり、**対自存在は、自分の現状に満足していない**。だから、**常に自分を未来に投げ出し、今の自分を作り変えようとする**。現状を本来の姿と思ってないから、変革を求め続けるのは当然だ。

そして人間は、必ず人生のどこかで自由な選択に基づいて、いろんな形で「社会参加」する。ということは、我々はその**社会参加をした状態の中で自己を変えようとする**ことになる。

社会参加した人間がその中で自己を変えようとすれば、大なり小なり必ず自分が参加した社会にも影響をもたらす。つまり、**我々の「自由」は、社会全体の変革にもつながってきている**のだ。

ならば「自由」な実存の果たすべき「責任」とは、その「**社会を正しく変革す**

る」ということか。これがサルトルの実存主義だ。

サルトルのこの「社会参加と正しい社会変革」という考え方は、社会主義思想と結びつき、1960年代の学生運動と結びついて、当時の左翼系の運動を大いに盛り上げた。

しかし、運動は盛り上がりすぎると弾圧される。度を越した学生運動は、次第に社会の反発を招き、政府から弾圧され、フランス共産党や左翼系の文化人までもが弾圧を支持し、フランスでは次第に実存主義への幻滅が広がっていくのだった。

第8章

精神分析学

まとめ

精神分析学

19世紀後半〜20世紀前半・ヨーロッパ

無意識を意識すれば、心の病は治るんだ。

あれもこれも、
ぜーんぶ
リビドーですな

フロイト
[1856〜1939]
オーストリアの精神科医。精神分析学の創始者。著書『夢判断』『精神分析入門』など。

尊敬するも決別

ねえねえ、
UFO見たこと
ある？
Carl Gustav Jung

ユング
[1875〜1961]
スイスの心理学者・精神医学者。著書『無意識の心理学』『心理の類型』など。

今日の精神分析学、
現代思想、映画、文学など

「キーワードは〝性と無意識〟だ」 by フロイト

フロイトは精神分析学の創始者だ。

彼がいなければ、「心理学」という学問分野が、今日みたいに賑わうことはなかった。彼はそれまで**「脳外科とほぼ同義語」だった精神医学の世界に、〝無意識〟という爆弾を投下した**のだ。

それまでの常識では、精神疾患は「脳の損傷」からくるものだった。

まあ、普通はそう考えるな。だって「脳こそ心の源」という考え方は古代ギリシアのヒポクラテスあたりからあるし、19世紀に入ってからは、脳の特定部位が損傷すると言語障害が起こることが指摘されている。

ちなみに古代エジプトでは、脳は不要な器官として、ミイラ作りの際に鼻の穴からスプーンで掻き出して捨てられた。彼らにとっては「心は心臓に宿る」もので、脳は単にミイラの腐敗を進行させるジャマものだったのだ。

なお、その作業イメージのせいか、こんな珍説もある。

「古代エジプト人にとっての脳 ＝ 鼻水を作るだけの器官」

これはでたらめ。だけどもおもしろい。

そうか、もしもあれが鼻水袋なら、人は洟《はな》をかめばかむほどアホになる。ということは、春先の日本はアホ顔だらけだ。やばい！　想像してたらキモ楽しくなってきた。国会審議に応じる安倍総理はハタ坊みたいな顔になり、「テロ警戒中」のお巡りさんたちは全員藤山寛美顔だ。石破茂はなぜかそのまま。丸の内のオフィス街は坂田利夫や山田花子だらけになり、駅のゴミ箱にはティッシュにくるまれた脳みそが大量に捨てられる……。

失礼しました。話を戻しましょう。


その後も脳の研究は進み、今は脳には「言語野・視覚野・運動野」などがあることがわかっている。さらには「左脳＝論理的で計算高い〝言語脳〟」「右脳＝直感力や創造性に優れた〝イメージ脳〟」なんてのもよく聞く。また「左脳が右半身、右脳が左半身」と連動していることもわかっている。

僕はNHKの将棋番組が好きだが、一時期プロ棋士の間で対局中に「扇子を〝左手〟で持ってパチパチ鳴らす」のが流行っていた。

あれは論理的思考に優れたプロ棋士が、さらに「右脳を鍛えて直感力を高める」ためにやっていたようだが、そういう発想自体がそもそも計算高い「左脳派」の発想だ。なのに彼らはそれに気づかず、みんなペン回しを覚えたての中学生みたいに、必死になって左手でパチパチやっていた。

やめろ！　あんたらは骨の髄まで左脳派なんだよ。何で大事な対局に集中せず、利き腕以外を酷使する？　そんなの気が散るだけだぞ。そんなんで注意力が散漫になったら、逆に論理的思考が鈍って、王手飛車《おうてびしゃ》を見逃したり二歩《にふ》を打ったりするぞ。

そういうわけで、脳と心の結びつきがかなり解明されていた以上、精神疾患が脳の傷からくるという発想は自然だったのだ。

ただ、**脳の傷では説明のつかない症状**の者もいた。

そういう患者は、「**ヒステリー**」などの言葉で一括りにされていた。

ヒステリーは、病気でもないのに痛み、吐き気、咳、けいれん、視野狭窄《きょうさく》が起こったり、物忘れや情緒不安定、興奮、朦朧《もうろう》、多重人格などが起こる症状だ。

もともと「子宮」を意味するギリシア語で、特に女性に多いとされ、古代においては子宮が体内を動き回るために起こる婦人病ととらえられていた。

脳の損傷に、子宮の移動……いずれにしても精神疾患は「心の病」とはとらえられていなかったのだ。

しかしフロイトは、**精神疾患の原因は脳でも子宮でもなく〝無意識〟にある**ととらえた。
確かに**〝無意識〟は、ネガティブな感情や表に出せない願望など「抑圧」の宝庫**だ。フロイトは、自分や共同研究者が行った複数のヒステリー患者の治療から、その〝無意識〟の中に「**抑圧された性**」を発見したのだ。

夢の中にこそ抑圧された欲求がある

〝無意識〟が活性化するのは夜だ。

昼間は〝意識〟の活動タイム。〝無意識〟はあえなく〝意識〟に押さえつけられ、表に出られない。

しかし夜は〝意識〟が眠る。すると今度は、ここぞとばかりに〝無意識〟が暴れようとする。その舞台になるのが「**夢**」だ。

ただし、夢の中の〝無意識〟は、それほどのびのびとは暴れられない。なぜなら夢というのは一種の「無意識の意識化」だから、本来〝意識〟のナワバリである表の世界に出る以上、シャバのルールに従わないとならないのだ。

本来の〝無意識〟は、「あの子を抱きたい」とか「あいつを殺したい」みたいなストレートな感情や欲望でパンパンだ。ところが、そんな浅ましい部分をそのまま出すのはシャバではルール違反だ。

だから **〝無意識〟はそれらに検閲《けんえつ》をかけ、社会性や道徳性などのオブラートでくるみ、**最終的には本来の姿とはかけ離れた**歪みやシンボル（象徴）となって、夢の中に現れる。**

だから夢には、一見全体のストーリーと何の関係もないもの（例えば傘、鉛筆、ピストル、噴水など）が唐突に出てきたりする。

フロイトの精神分析では、それらの意味を解き明かす（「それは男性器のことです」など）ことで、患者の心の傷の原因を探り当て、それを患者に意識化させる。

心因性の体調不良のうち原因不明のものは、こうやって**原因を探って意識化するだけで、うそのように快方に向かう**ものが多いそうだ。

〝無意識〟を言葉にさせる――自由連想法

フロイトがヒステリー患者の精神分析に行ったのが「**自由連想法**」だ。

これは「**ソファに横たわった患者に、頭に浮かんだ言葉をどんどん言わせる**」精神分析法で、ウディ・アレンの映画などによく出てくる手法だ。

分析家は、患者から見えない位置（頭の後ろなど）に座って黒子に徹し、患者から「今の話どう思う？」とか、「先生はどんな方なの？」とか聞かれても、その場では一切答えない。

なぜならこの治療の目的は「**〝無意識〟を言葉にさせる**」こと。こんなつまらない質問に答えたら、患者の小さな「知りたい」欲求を満たしてしまい、もっと知りたい「〝無意識〟が抱える病根」の言語化に失敗してしまう。

だから患者は仕方なく、満たされないまま分析家に自分の〝無意識〟をたれ流し続ける。すると、やがて〝無意識〟が抱える心の闇の核心部分に近づいて、患者の口が重くなり始める。〝無意識〟の「**抵抗**」だ。

そのタイミングを見計らって、初めて分析家は口を開く。「**それはなぜだと思いますか？**」

そこで思わず口にした答え――これが「言語化された病根」だ。これで〝無意識〟は患者にはっきりと意識化され、患者は快方に向かうのだ。

ヒステリーの原因は「性」

フロイトは多くのヒステリー患者と接した結果、その原因が「**抑圧された性**」であることに気づいた。

彼が開業していたのは、大都会ウィーンのど真ん中だ。だから彼のもとにきたヒステリー患者の多くは、上流階級の女性だった。上流階級は純潔や貞操観念にうるさい。そのため、いつしか彼女らは性をタブー視し、その**抑圧された性衝動（リビドー）がヒステリー症状として現れていた**のだ。

フロイトはヒステリー研究の結果、こう結論づけた。

「**本来なら発達するにつれて性器に集まるリビドーが、そうならず後退した結果がヒステリーである**」

心の3層構造

彼は多くの患者に接した後、自らの考えを整理し、人間の心には「3つの層」があると考えた。

①**エス（イド）**……無意識に居座る「**本能的衝動**」。**リビドー**（性衝動）を源泉とする。

②**スーパーエゴ（超自我）**……主に意識部分に形成された「**道徳的良心**」。

③**エゴ（自我）**……①と②の両分野にまたがり、両者を調節する。

フロイトによると、エスの源泉はリビドー（性衝動）だ。つまり、**リビドーが欲動（＝行動に向かわせる衝動）となって、本来の目的である性以外も含めた人間のあらゆる行動の原動力となっている。**

ただし、気をつけないといけない点がある。もともとが「性衝動」だけに、**エスはひたすら「快」のみを求め「不快」を避ける。**

ということは、エスが強すぎる人間は、己の快原則だけを優先させて他者への配慮を欠き、**周囲に破壊的な迷惑をかける**可能性がある。

ベンサムの箇所で書いた『キングダム』の麃公《ひょうこう》将軍が、まさにそれだ（２１９ページ）。あの項では「本能型」と書いた麃公は、フロイト的に表現すれば「リビドーが強すぎる迷惑な将軍」なのだ。

しかしだからと言って、超自我が強すぎる人も困りものだ。「道徳的良心」などというと聞こえはいいが、こいつはへたをすると**本人をも傷つける「諸刃の剣」**になる。

つまり、**強すぎる超自我は「責任感」や「良心の呵責」となって本人を責めたて、自らをうつ病などへと追い込んでしまう**のだ。

そこで必要となってくるのが**エゴ**だ。エゴの規範となっているものは「**現実原則**」。つまり、現実社会に適応できる人間になれるように、エスと超自我が暴走しないようう まく手綱を握ってくれるのだ。

そして、エゴがエスや超自我と折り合いをつけて、社会に適応するために必要となってくるのが「**防衛機制**」だ。

ごまかしのメカニズム――防衛機制

人間の心は脆《もろ》い。せっかくエゴが「現実原則」に従って社会性ある生活をしようとしても、欲求不満や極度の緊張、恐怖、不安、興奮などがあると、とたんにバランスがおかしくなる。

そんなときエスが暴走すると、暴力や犯罪など感情的で他者への配慮を欠いた行動をとってしまうかもしれない。

だからといって超自我が強すぎると、自分ばかりを責めてしまい、うつ病を発症したり自殺に走ってしまうかもしれない。

防衛機制とは、そういうことにならないよう、**うまく自分の心を騙す「ごまかしのメカニズム」**なのだ。

防衛機制とは、以下のようなものを指す。

欲求への不適応や恐怖、不安、興奮などに接したとき、

- **抑　　圧**……〝無意識〟に沈めてしまう。
- **合 理 化**……負け惜しみで納得する。
- **反動形成**……本心を隠すために真逆の行動をとる。
- **投　　射**……人のせいにする。
- **隔　　離**……つらい出来事と感情を切り離す。
- **代　　償**……別の欲求を満たすことで満足する。
- **昇　　華**……社会的価値の高い欲求へと置き換える。
- **退　　行**……幼児期と同じような行動をとる。

・**逃避**……厳しい現実を放り出して逃げ出す。

うーん、どれもやった記憶があるな。柔道の試合でぶざまに投げられて失神した日の記憶が全然ないのは「抑圧」だし、就活失敗でベロベロに酔っ払い、「神がサラリーマンになろうとする俺を止めてくれた。やはり俺は作家になるべきなのだ！」と高田馬場駅で叫んだのは「合理化」。小学校で好きな子にブスブス言って泣かしたのは「反動形成」で、「あいつ嫌い。あいつ俺のこと超嫌ってんだもん」と思ったのは「投射」か。ひゃ～どれも恥ずかしい思い出ばかりだ。

でもこの**防衛機制のおかげで、今も僕は病まず暴れず社会性を保って暮らせている**（たぶん）。ならば防衛機制は、やはり必要なメカニズムなのだ。

フロイトのおもしろい観察眼
――発達心理学

最後に、フロイトといえば「**発達心理学**」も忘れてはならない。

これは、**最初は自分の体の特定部位に向かっていたリビドー（この場合は「性的関心」）が、次第に異性に向かっていく中で、だんだんと自分の人格が形成されていく流れ**だ。

正しいかどうかはともかく、とてもフロイトらしい観察眼が発揮されたおもしろい考え方なので、ぜひ見てもらいたい。

・**口唇《こうしん》期**（0〜1歳ぐらい）

口唇の活動（噛む・吸うなど）から快感を得ようとする時期。親に完全に依存していたこの時期にこれらの欲求が満たされないと、依存心の強い性格になりやすい。また喫煙、飲酒、爪を噛むなど、口唇を通した刺激を求めるようになる。

・**肛門期**（1〜3歳ぐらい）

排泄に快感を得るようになる時期。おむつがとれ、トイレの使い方を親から教わる。この時期に親の教え方が甘いと、その人は無秩序で破壊的な「肛門排出性人格」に、またしつけが厳しすぎると秩序に厳格に執着する「肛門保持性人格」になる。

・**男根期**（3～5歳ぐらい）

性器に関心を持ち、性差を意識する時期。この時期から**男児は母親と性的に結ばれたいと願い、父親をライバル視するようになる。しかし同時に、強い父親から去勢される不安に怯えるようになる（＝エディプス・コンプレックス）**。

男児は父親に最終的に屈服してしまうが、超自我は、去勢の不安から父に屈服した幼少期の男児が築いた〝内なる父〟と考えればわかりやすい。つまりその〝内なる父〟が、良心や道徳という形で、男児の行動に制限をかけるのだ。

・**潜在期**（5～10歳ぐらい）

形成された超自我が性衝動を抑圧しつつ、エゴが社会性や知識を身につける時期。この時期、リビドーはストレートに性に向かわず、知識の向上やコミュニケーション能力の発達に向かう。

・性器期（思春期・青年期）

口唇、肛門、男根など、体の特定部位に向けられていたリビドーが統合され、異性への性欲に向かう時期。この時期に異性愛は完成する。

このように、最初は「リビドーこそ人間の行動の源泉」と考えていた彼も、晩年はガンや亡命、子供の死などの不幸が続いたせいか、「**タナトス（破壊の衝動）**」についても言及し始めた。

心理学者なのに自らを精神分析されることを嫌ったフロイト。ユングなどとの親密な人間関係をことごとくぶっ壊してきたフロイト。今日では学説内容も批判されることが多くなってきたフロイト。

人間的に「ちっちゃい部分」も多く見せてきたフロイトだが、彼なくして今日の精神分析学はありえない。彼がいたからこそ、僕らは彼の影響を受けた多くのおもしろい映画や文学作品に出会えた。そういう意味で、やはり偉大な人だ。

「実は〝無意識〟はもっともっと深いんですよ」 by ユング

ユングもフロイト同様、〝無意識〟を研究した。

ただしニュアンスはだいぶ違う。

フロイトが研究したのは「個人的無意識」。これは「その人の経験から生まれた無意識」で、ふだんは〝意識〟に抑圧されて思い出せず、夢になるとひょこっと顔を出す。ただしその顔は、歪んでいたりシンボル化していることが多い。そのへんは、ここまで見てきた通りだ。

ところがユングは、**〝無意識〟にはもう一段階深いものがある**と考えた。それが**「集合的無意識」**だ。

人類に共通するイメージ――集合的無意識

集合的無意識とは「**人類共通の無意識**」だ。

人類共通の無意識!!　そんなものあるわけないじゃないか――そう思う人も多いだろう。しかしよく考えてみると、確かに**時代や民族の壁を越えた「共通イメージ」というのは、いろんなものに見られる**。

例えば父親。

「父親」と聞くと、我々は「威厳・強さ・立派・責任感」などをイメージする。これは世界共通のイメージだ。たとえ目の前の父親が、食卓でくだらないダジャレを連発してすべり倒し、挽回しようとオナラに節をつけ始めて母親から引くほど叱られている最中であってもだ。

あるいは母親。

我々は**「母親」と聞くと、「慈愛・包容力・優しさ・豊かな情感」などをイメージする**。これまた世界共通だ。たとえ目の前の母親が、下着姿でお腹のぜい肉をちょっとつまんだ後、炊飯器から直接しゃもじですくった冷や飯をもそもそ食べながらスマホをいじっている最中であってもだ。

こういう共通するイメージが世界中にあるということは、その「大もと」がどこかにあるに違いない。それがある場所こそが人類共通の無意識「集合的無意識」だとユングは考えたのである。

ちなみにユングがこの着想を得たきっかけは、入院中の統合失調症患者が語った妄想だった。

病院の窓から眩しげに太陽を見つめながら頭を左右に振っている男に「何をしているのか？」と尋ねたら、彼は驚いた顔でユングに言った。「太陽のファロス（陰茎）を見てるに決まってるでしょ！　ほら、私の首振りに合わせて左右に動いてる。あの動きでこの世に風が生まれるんだ」

ユングは驚いた。なぜならその話は、その患者が知るはずもない古代ローマ・ミトラ教の「太陽神ミトラが風を起こす話」と酷似していたからだ。

かつてローマ帝国で栄えたこの宗教は、キリスト教公認を境にヨーロッパから完全に姿を消した。そんな〝幻の宗教〟を、この患者が知るわけもない。ユングはこの事実に強く興味をひかれ、そこからさまざまな資料を読みあさった。

そしてついに、**人類共通の無意識である「集合的無意識」と、そこにある世界中すべての人間に共通する「元型」という考えに行き着いた**のだ。

人間の心の傾向を擬人化する――元型

人類共通の無意識があって、その中に**世界中が共有する共通イメージの「大もと」**がある。ユングはそれを**「元型（アーキタイプ）」**と呼んだ。

「元型」はイメージだけでなく、**人間の心が持つさまざまな傾向を擬人化**したものでもある。

それらは「影（シャドウ）・仮面（ペルソナ）・太母（グレートマザー）・老賢者

（オールドワイズマン）」などと呼ばれる、とても神話的なものだが、実際、各国の神話を比較すると、驚くほどこれと似通ったキャラクター構成が多いようだ。以下が、ユングの分類する「元型（アーキタイプ）」だ。

・影（シャドウ）

自分の心につきまとう「もう一人の自分」。**自分が思う自分とは真逆の、認めたくない悪の部分**。夢の中に見たことのない他人が出てきてそいつがヤな奴だったら、それが「シャドウの投影」と言われている。

・仮面（ペルソナ）

社会での役割を果たすため、**表に現す「その人らしさ」**。例えば両親の前では「息子」だが、クラスメートの前では「優等生」、部活では「頼れる先輩」など、役割に応じていくつもある（※ペルソナは「元型」扱いしないという説もある）。

・太母（グレートマザー）

母親元型。人類共通の普遍的な母のイメージ。慈しみや包容力があるが、子供を飲み込む束縛や独占欲の一面もある。

・老賢者（オールドワイズマン）

父親元型。こちらは人類共通の普遍的な父のイメージ。賢明さや厳しく罰する態度など「立派さ・公平さ」の象徴だが、「子供を食らう」負のイメージもある。

・アニマ／アニムス

男性の心が持つ女性的部分が「アニマ」、女性の心が持つ男性的部分が「アニムス」。ユングによると、本来人間の心には男女の区別はないが、実際には肉体に性別があるため、社会の中では「男らしさ」や「女らしさ」が求められることが多い。そうすると心のバランスの作用で、男はアニマ、女はアニムスを常に求めるようになる。夢の中では「見たことのない異性」として現れるとされる。

そして、これら「元型」のさらに深い中心部分にあるのが「**自己（セルフ）**」だ。自己とは、本当の意味で「**自分の核心となる部分**」だ。

自己と自我は違う。正確にいうと、**「自我」は心の一部であり、「自己」は心の全体**だ。自己は自我を包み込んではいるが、イコールではない。

「自我」は〝意識のど真ん中〟にある自分に過ぎないが、**「自己」は〝意識・無意識の両分野のど真ん中〟にある自分**だ。

そのため「自我」は意識できる現実問題にしか対処できないが、「自己」はその背後にある無意識にまで配慮し、判断する。

自分の心の中心が「自我」である人は、現実問題への対処能力には優れているが、「元型」も含めた無意識への配慮が欠けているため、次第にそのズレがストレスとなり、精神のバランスを崩しやすい。

自分の心の中心を「自己」にできた人は、その現実問題に接した際に無意識から湧き上がってきた「元型」の意味を解釈し、そのイメージと現実世界をすり合わせながら欲求の充足を図ろうとする。

ユングの心理学では、最終的に**自分の心を「自我」から「自己」へと置き換える**ことをめざす。これが「**個性化の達成**」だ。

ちなみに「自己」は、夢の中に「神秘的な賢者」のイメージで現れ、意識下では気づかなかったアドバイスをしてくれるような存在らしい。

しかし、そのアドバイスを受けることが「イコール個性化」というわけではない。「自我」は瞬時に「自己」へと切り替わるものではなく、**徐々に形成されていくもの**だ。だからそのアドバイスは、あくまで「自分を個性化へと導く一歩」であり、その積み重ねの先に個性化が待っているのだ。

最後に気をつけるべき点を一つ。

「自己」の中の集合的無意識に「元型」は含まれるが、元型は非常に力が強く、その影響が本人にプラスかマイナスかなどお構いなしに**我々を振り回してしまう**のだ。

アニマやアニムスの暴走は「女々しい男・がさつな女」などにつながり、グレートマザーの暴走は「子供の支配・束縛」につながる。自分に合わないペルソナのつけすぎはストレス要因になって、自分の心を病理へと追い込むこともある。

だから個性化の過程で、これら「元型」の暴走には細心の注意を払う必要がある。

ユングとオカルト

ユングといえば、**「降霊《こうれい》術・錬金《れんきん》術・超能力・UFO」などにも強い興味を示した「オカルト好き」**としても知られている。

これは彼の家族に原因があったと言われている。ユングの母方に、いわゆる霊感の強いシャーマン（巫女）的な人が多かったのだ。

母親自身も、ふだんは陽気で優しくておしゃべり好きな人だったが、突然何かが乗り移ったかのように、重々しく謎めいた口調になることがあった。そういうときには、ふだんならありえない核心を衝く発言をズバズバし始める。さっきまでと同じ人物とは思えない。この母の豹変ぶりが、幼いユングを不安にさせた。

あと有名なのが、従妹のヘレーネとの交流。霊感の強かったヘレーネは、しばしばユングを「降霊会」に誘い、そこで彼に「あなたの祖父の父親は、実はゲーテ」などと、霊との交信で得た情報を披露した。

しかし、歳を重ねるにつれてヘレーネは霊感能力を失い、次第に恋愛の話やユングへの誘惑ばかりになっていった。ユングはその過程を論文にまとめ、『**いわゆるオカルト的な現象の心理学と病理学**』と題して発表した。そこには「降霊はヒステリー患者の性的妄想」と結論づけられていた。

これは判断が難しいな。ここだけ見ると、ユングはオカルトを「病理」としかとらえていなかったようにも見えるし、しつこく迫る従妹と絶縁するために、こんな血も涙もない論文を発表したようにも見える。

ただ、ユング自身は自分がゲーテの子孫ということを後々にも語っていたようだから、やはりオカルトへの興味と理解は強かったものと思われる。

実際、晩年のユングは、オカルト的なものへの傾倒がより一層強まり、そのせいで周囲の理解者がどんどん離れていったと言われている。

しかし、敬愛していたフロイトと決別してまで突き詰めた独自の精神分析学は、その後の大きな主流の一つとなっている。

また、ユダヤ人中心であった当時の精神医学会に、非ユダヤ人としての足跡を残したことも大きい。やはりユングも、フロイト同様偉大な人だ。

おわりに

哲学の本を書いた後は、ぐったり疲れてしまいます。

僕は職業柄、政治経済と倫理の本を両方書きますが、倫理関係の本を書いた後のほうが疲労度は高いです。これは両科目の性質の問題だと思います。

政治経済は「社会の外面」を扱う科目で、倫理は「人間の内面」を扱う科目。そうすると、政治経済の本は外部から「傍観者・観察者」として書けるものの、倫理の本はどうしてもその哲学者との「シンクロ」を求められることが多くなるのです。

そして、哲学者という「知の巨人」たちとシンクロする作業は、想像以上に精神を疲れさせます。今回の本は「哲学」、つまり倫理関係だったので、これを書き終わった今、僕は脳みそがじいんと痺れるような感覚に襲われています。うまく言えないけど、頭で5時間ぐらい正座した後みたいです。

でも、同時に哲学の本を書くのは、とても楽しい作業でした。もともと僕は執筆が大好きなのですが、今回は大和書房の草柳さんから「初学者向けの哲学書」を「相当好きなように」書いて構わないと言っていただけたので、前のめりで意欲的に取り組むことができました。

予備校の授業と並行して書くのは大変でしたが、それももう慣れました。今年は大阪・名古屋に週3日の出張が入っていたので、授業後すぐホテルに戻って書けば、むしろ家で書くよりも集中できます。

しかし本書は、書き始めてからが大変でした。

ふだんの講義ではここまでシンクロしない僕も、いざ哲学の本を書くとなると、その哲学者についていつも以上に深い所まで考えてみたくなります。そして、その考えが哲学内容のみならず、時代背景や生活環境、人間関係から当人の気質にまで及んだとき、その人の哲学内容の「意図」が突然パッと明確に見えてきます。これが僕の言う「シンクロ」です。

シンクロなどと言うと偉そうに聞こえてしまいますが、要はその哲学者に「なり切って考えようと努力する」ということです。そうしてうまくなり切れたと感じられたときは、筆も軽く、文に躍動感と臨場感が出て楽しくなってきます。本書で言うなら、ベンサムやキルケゴールなどは、書いていてとても楽しかったです。

しかし、いかに楽しくても、僕の脳は確実に疲弊します。なぜなら夜9時まで授業した後の疲れた脳を「知の巨人」たちにシンクロさせる作業は、想像以上に重労働だったからです。

彼らは全員例外なく精神のエネルギーが過剰で、脳の幅も深みも僕の脳みそのスペックを遥かに超えています。そんな巨人たちが自分の振り幅で脳をフル回転させるのですから、そこに付き合わされた僕の脳はたまったもんじゃありません。もう幕之内一歩にデンプシーロールを食らった後のボクサーみたいにグラグラにシェイクされて、脳しんとう寸前の気分になります。

それでも、うまくシンクロできたときは、まだ達成感があるからいいです。つらいのはうまく「シンクロできない」とき。つまり、どうやってもその人になり切って考えることができないときもあるのです。

そういう場合は筆も重く、書くのに非常に時間がかかります。でもそれをそのまま世に出すわけにもいかないので、そこは経験と表現力で何とかカバーすることになります。結果やはり脳はクタクタに疲れます。

あと哲学の本が疲れる理由は、「自分の無知」のせいも大いにあると思います。倫理関係の本を書くと、いつも自分がいかにものを知らないかを痛感させられます。いわゆるソクラテスの「無知の知」というやつです。

僕はふだんいろんなことを「知っている気になっている」だけに、己の無知に気づくのは、ショックと恥ずかしさと自分への憤りに、気が動転します。まさにソクラテスに問答法でやり込められたソフィストみたいな気分です。

そして無知に気づいた僕は、真の知を求めて本屋へ行き、図書館へ行き、ネットの世界へ行きます。そうすることで先ほどの無知は解消され、僕の知識は広がり、本の内容にも厚みが出てきます。これで一安心……と思ったところで、今度はその広がった部分から「新たな無知」が生まれてきます。もうきりがありません。

でも不思議なもので、己の無知に気づいたときのショックや恥ずかしさは、それをカバーする作業をすませた後、その何倍もの喜びとなって返ってきます。たぶん自分なりに、知に厚みができるのが嬉しいのでしょう。

そういうことを考えると、やはり人間には、本当に「知りたい!!」という欲求があるのだと思います。哲学の語源はギリシア語の「愛知（フィロソフィア）」ですが、結局僕たちは、その愛知の欲求に衝き動かされて、さらに広がった「新たな無知」にも、喜々として取り組むことになるのです。

さらにはバカみたいな話ですが、僕は軽口やマンガでの例えみたいな一見ふざけた表現にも、相当マジメに取り組んでいます。

僕の倫理の講義や本は、経験上マジメ一辺倒だと確実にキツくなってくるのがわかっています。だから、空気がダレてきそうなタイミングを見計らって、小話的にそういう表現を挟んでいきます。そして、これを考えるのも、確実に疲れの原因になっています。

ただこれは、軽口なしでもおもしろい講義や本を世に出せる人が数多くいるのだから、単に僕の力量不足ですね。失礼しました。

本書を執筆中に、高校時代の友人が亡くなりました。彼はアメリカで大学教授をやっていたのですが、趣味の自転車を楽しんでいたとき、不慮の事故で亡くなってしまいました。

僕はその訃報に接したとき、ちょうど「実存主義」を執筆していたので、死についてものすごく深く考え込んだのを思い出します。

特にハイデガーとの「シンクロ」はキツかったです。でもおかげで、今まで以上にハイデガーの哲学が身近で生々しいものに感じられ、生の意味をより濃密に理解できた気がします。これは僕にとって、哲学が自分の生活に深くリンクした、初めての体験でした。

たぶん本書を見るたびに、僕は彼のことを思い出します。だから本書は、彼に捧げます。愛媛県新居浜市なんて田舎から東大に行った地元の星・井上健太郎くん。僕をバンドに誘い、ギターをやりたかった僕に無理やりベースをやらせた男、いのけん。濃密な思い出をありがとう。安らかに眠ってください。

合掌

マンガみたいにすらすら読《よ》める哲学入門《てつがくにゅうもん》

著者　蔭山克秀《かげやまかつひで》

二〇一七年一月一五日第一刷発行
二〇二二年一〇月一五日第八刷発行

発行者　佐藤 靖
発行所　大和《だいわ》書房
東京都文京区関口一―三三―四 〒一一二―〇〇一四
電話 〇三―三二〇三―四五一一

フォーマットデザイン　鈴木成一デザイン室
本文デザイン・図版作成　星子卓也
本文イラスト　中根ゆたか
本文印刷　信毎書籍印刷
カバー印刷　山一印刷
製本　小泉製本

ISBN978-4-479-30634-4
乱丁本・落丁本はお取り替えいたします。
http://www.daiwashobo.co.jp

だいわ文庫

蔭山克秀（かげやま・かつひで）

代々木ゼミナールで圧倒的な人気を誇る公民科No.1講師。倫理だけでなく政経、現代社会もこなし、3科目すべての講義がサテライン衛星授業として、全国の各代ゼミ校舎に映像配信されている。語り口の軽妙さ、板書の確かさ、内容の面白さとわかりやすさから、生徒たちからは「先生の授業だけ別次元」と高い評価を受け、参考書や問題集も合計20冊近く刊行されるなど大人気。また、「新報道2001」をはじめ、テレビや雑誌などのメディアでもニュースの解説役として活躍中。早稲田大学政治経済学部経済学科卒。

主な著書に『やりなおす経済史』『やりなおす戦後史』（以上、ダイヤモンド社）、『蔭山のセンター倫理』（学研教育出版）、『世界を動かす「宗教」と「思想」が2時間でわかる』（青春出版社）などがある。